Drei Abhandlungen über Yoga

Dr. Franz Hartmann

Verlag Heliakon

Verlag Heliakon

Umschlaggestaltung: Verlag Heliakon
Titelbild: Pixabay

Druck und Vertrieb: BoD - Books on Demand, Norderstedt

www.verlag-heliakon.de
info@verlag-heliakon.de

ISBN: 978-3-943208-55-9

Die Deutsche Nationalbibliothek verzeichnet diese Publikation in der Deutschen Nationalbibliografie; detaillierte bibliografische Daten sind im Internet über www.dnb.de abrufbar.

Inhaltsverzeichnis

Yoga und Christentum

oder

Die Geheimlehre in der christliche Religion

Vorwort des Herausgebers zum zweiten Band

Raja Yoga und Hatha Yoga sind die beiden bekanntesten Yogasysteme. Den Raja Yoga nennt man auch den „königlichen" Yoga, womit ausgedrückt werden soll, dass dieses System das vornehmste und höchste ist. Demgegenüber ist der Hatha Yoga sein direkter Gegenpol, also die niedrigste Art des Yoga. Aber nicht bloß das, der Hatha Yoga ist auch jenes System, welches, im Gegensatz zu den übrigen Systemen, große Gefahren in sich birgt, weshalb auch die wirklichen Meister der indischen Weisheit einstimmig und eindringlich davor warnen. Es wäre durchaus nicht zu viel gesagt, wenn man vom „Segen des Raja Yoga" und vom „Fluch des Hatha Yoga" sprechen würde.

Der Begriff „Yoga" wird heute vielfach falsch verstanden und missbraucht, was besonders auf den Hatha Yoga zutrifft. Wenn man sich an den ursprünglichen (ältesten) Sinn dieses Wortes hält, wie er in der Bhagavad Gita angewendet wird, dann bedeutet Yoga die „Vereinigung der Seele mit Gott (Atma, Brahma usw.)". Dieser Begriff ist schon tausende von Jahren vor der christlichen Zeitrechnung geprägt worden. In den dann folgenden Jahrtausenden wurde diese Lehre mehr und mehr „vermenschlicht", d. h., sie wurde aus ihrer göttlichen Höhe immer tiefer in den Bereich der engen begrenzten und selbstsüchtigen Interessen des irdisch-persönlichen Menschen herabgezogen. Im Hatha Yoga hat diese Herabwürdigung des Göttlichen auf die Stufe des Menschlich-Egoistischen ihren stärksten Ausdruck gefunden. Dieser Abstieg in das Grobmaterielle ist so tief, dass der Hatha Yoga, wie er heute ausgebeutet wird, von wirklichem Yoga kaum noch eine Spur enthält. Seine gymnastischen Gliederverrenkungen und manche körperlichen Stellungen passen vielleicht in eine Zirkusvorstellung, aber sie haben nicht das geringste zu tun mit den Zielen des wahren Yoga, die auf das Geistig-Göttliche gerichtet sind. Für Akrobaten, für die körperliche Ertüchtigung, für die Erlangung einer kräftigen Gesundheit und die Stärkung der Willenskraft mögen diese Übungen wohl einen gewissen Wert besitzen; aber das kann man auf andere Weise bequemer und einfacher haben. Für die Veredelung des moralischen Lebens, das Wachstum der Seele, wie auch für den Aufstieg des Menschen aus der groben Stofflichkeit zur Vergeistigung sind diese Übungen völlig wertlos.

Was nun die Atemübungen und die damit beabsichtige Entwicklung der astralen Fähigkeiten des Menschen betrifft, die Zweck und Ziel des Hatha Yoga sind, so sind diese mit Gefahren verbunden, die um so schlimmer sind, je mehr der Mensch, der sie ausübt, dazu vom Egoismus angetrieben wird. Wie viele Menschen dadurch schon dem Siechtum, dem Irrsinn, der Besessenheit und dem Verbrechen anheimgefallen sind, und, was noch weit schlimmer ist, wie viele dadurch schon auf den Pfad zur schwarzen Magie gedrängt wurden, darüber gibt es leider noch keine Statistiken. Der heutige Durchschnittsmensch ist auch kaum in der Lage, diese Schäden rechtzeitig zu erkennen, da ihm die hierzu nötigen psychologischen und höhergeistigen Kenntnisse fehlen. Nur wer die siebenfältige Konstitution des Menschen und des Weltalls kennt, wie sie in der theosophischen Weltanschauung gelehrt wird, kann ermessen, welchen Gefahren sich derjenige aussetzt, der sich mit Hatha Yoga beschäftigt.

Die Ausübung der Yogapraxis ist gut, ja vorzüglich und völlig ungefährlich, wenn sie in der richtigen Weise stattfindet, und wenn der sie Ausübende auf hoher moralischer Stufe steht und ein reines Herz hat, oder, wie es in der christlichen Religion gefordert wird, wenn der Mensch „Gott über alles und seinen Nächsten als sich selbst liebt". Von diesem Gesichtspunkte aus sind Franz Hartmanns Schriften über Yoga geschrieben, die wir hier der Menschheit wieder zugänglich machen. Diesen Schriften kann sich jeder anvertrauen, der sich mit Yoga beschäftigen will.

Der Herausgeber.

Vorbemerkungen

Die Yogalehre, wie sie in den Vedas und Upanischaden Indiens, vor allem aber in der Bhagavad Gita, dem erhabenen Zwiegespräch zwischen dem Herrn des Himmels und dem Sohn der Erde, dargestellt wird, bietet die höchste und tiefste Weisheit, die jemals auf Erden gelehrt worden ist.

Diese Lehre hat neuerdings auch in den westlichen Ländern eine ziemliche Verbreitung gefunden. Dass aber diese Lehre für das Abendland gar nichts wirklich Neues ist, dass wir sie in ihrer reinsten und erhabensten Gestalt, wie sie in der Bhagavad Gita gelehrt wird, schon seit 600 Jahren auch im Christentum haben, wo sie insbesondere vom Meister Eckhart, dem großen Mystiker des 13. Jahrhunderts, gelehrt wurde, legt Hartmann, der größte deutsche Mystiker des 19. Jahrhunderts, in eindringlicher und überzeugender Weise dar. Hartmann beweist, dass der Weg zur Verwirklichung des „Christus in uns" und die Yogalehre der Bhagavad Gita geradezu identisch sind, indem er beide einander gegenüberstellt und als Beweis für die Übereinstimmung eine reiche Fülle von Stellen aus Eckharts Schriften anführt.

Hartmann hat das vorliegende Werk zuerst unter dem Titel „Yoga und Christentum" als Artikelfolge in seiner ehemaligen Zeitschrift „Lotusblüten" 1894 erscheinen lassen. Die spätere Buchausgabe erschien dann unter dem Titel „Die Geheimlehre in der christlichen Religion". Der hier veröffentlichte Text entstammt den „Lotusblüten". Ob der Text in der Buchausgabe von dem in den „Lotusblüten" abweicht, konnte der Herausgeber nicht feststellen, da ihm kein Exemplar der Buchausgabe erreichbar war. Es ist aber anzunehmen, dass der Text der Buchausgabe nicht verändert worden ist.

Die aus der Bhagavad Gita zitierten Stellen sind der Prosa-Ausgabe derselben entnommen; die poetische Ausgabe lag damals (1894) noch nicht vor.

Die zahlreichen Stellen aus Meister Eckharts Schriften wurden durch kursive Schrift hervorgehoben, wobei die häufig vorkommenden, den Eckhartschen Text näher erklärenden Einfügungen Hartmanns in gewöhnlicher Schrift gegeben wurden, um sie von den Eckhartschen

Worten leicht unterscheidbar zu machen. An den Texten selbst sind keine Veränderungen vorgenommen worden.

Der Herausgeber.

Biografische Notizen über Meister Eckhart

„So soll der Mensch, nachdem er sich zuerst wie der Schüler geübt, von dem in ihm wohnenden Gotte durchdrungen, in die Form des Gottes, den er liebt, umgewandelt und in ihm so befestigt sein, dass aus ihm ohne Mühe der Glanz des in ihm gegenwärtigen Gottes ausstrahle."
(Eckhart, 549, 20)

Unter allen deutschen Mystikern ist wohl keiner, der die Lehre von Yoga oder der Vereinigung mit dem jedem Menschen innewohnenden göttlichen Selbst so klar und deutlich dargestellt hat, als Johannes Eckhart, genannt der „Meister", welcher der großen Reformation in Deutschland den Weg geebnet hat. Es wird daher am Platze sein, ehe wir uns mit seiner Lehre beschäftigen, einen flüchtigen Blick auf das Leben dieses Mannes zu werfen, von dem es heißt: „Keiner seiner Vorgänger hat ihn an Tiefe des Geistes übertroffen, oder auch nur erreicht. Alle, die nach ihm gekommen sind, haben aus seinem Brunnen geschöpft; sie haben die Mystik kirchlicher und populärer gemacht, sie haben das Anstößige seiner kühnen Konsequenz hinwegzunehmen versucht aber keiner hat wesentlich Neues zu dem kühnen Bau hinzugetan.[1)]

In der Tat sind viele dem Bischof Tauler und anderen zugeschriebene Schriften nichts anderes als Zitate und Abdrucke aus Eckharts Werken, welche, nachdem die Eckhartschen Schriften vom Papste verboten worden waren, unter den Namen anderer Mystiker veröffentlicht wurden.

Über den Ort und die Zeit seiner Geburt ist nichts Bestimmtes bekannt. Er soll vor 1260 in Straßburg geboren und schon um das Jahr 1280 ein Schüler des Albertus Magnus gewesen sein. Wir finden ihr zuerst im Jahre 1302 als einen hochberühmten Lehrer in Paris am Kollegium St. Jakob. Er gehörte dem Predigerorden an und hielt öffentliche Vorträge. Als ein Streit zwischen Bonifazius VIII. und Philipp IV von Frankreich ausbrach, wurde er vom Papst nach Rom berufen, um sich mit ihm zu beraten. Bald darauf wurde er zum Prior der sächsischen Provinz seines Ordens ernannt. Die Vortrefflichkeit seiner Amtsführung bewog die Oberen seines Ordens, ihn im Jahre 1307 als Generalvikar nach Böhmen zu

1) Charles Schmidt, „Studien".

senden, um die dortigen Klöster nach eigenem Ermessen zu reformieren. In diesen hohen Ämtern lehrte und predigte Eckhart in vielen Teilen Deutschlands, in Österreich, in Straßburg, besonders aber und bis zum Schluss seines Lebens in Köln. Eine mächtige Bewegung der Geister ging von ihm aus, Gemeinden von Andächtigen sammelten sich um ihn. Er predigte besonders vor dem einfältigen Volke und vor den Nonnen in den Klöstern; in Köln wurde er das Haupt einer weitverzweigten Gemeinde.[1)]

Es war damals eine Zeit der Erregung der Gemüter, besonders in Deutschland. In weiten Kreisen war die religiöse Bildung des Volkes über die Schranken der Kirche hinausgewachsen. Viele, von der Sehnsucht nach einem wahren heiligen Leben ergriffen, wollten sich nicht länger unter das Joch der blinden Dogmatik und des Priestertums beugen, man wollte selber Gottes Gnade empfangen und genießen, und sich nicht mit einem bloßen Glauben an die sich darauf beziehenden kirchlichen Theorien begnügen. In diesem Sinne traten fromme Vereine zusammen, denen es ernstlich um die Erlangung der Erkenntnis der Wahrheit zu tun war; sie wollten vom Narrenspiele der Welt zurückgezogen, ohne das Joch äußerlicher Regeln leben, im freien Verein sich gegenseitig zur Andacht, Entsagung, zu Werken christlicher Nächstenliebe anregen. Sie bedurften der Priester nicht; die Erlangung der ewigen Seligkeit durch die Vermittelung anderer verwarfen sie im Prinzip.

Das Verhalten der Kirche diesen Gemeinschaften und Lehren gegenüber war lange Zeit ein schwankendes gewesen. Dass gesunde und echt christliche Motive der Bewegung zugrunde lagen, konnte auch der Papst und die Klerisei nicht verkennen, aber der priesterlichen Allgewalt drohte offenbar die schwerste Gefahr, wenn diese Richtungen mächtiger wurden; sie mussten also eingeschränkt oder unterdrückt werden, wenn es sich als unmöglich erwies, sie der Kirche oder der hierarchischen Gewalt dienstbar zu machen.

Damit begannen nun die Ketzerverfolgungen, welche bald so ausarteten, dass der Kirche jeder höhere Grad der Frömmigkeit schon als solcher verdächtigt wurde. Nicht bloß für das bigotte und rohe Volk, für den Klerus selber war die Frömmigkeit ein Gegenstand des Spottes und der Verachtung. Viele der Anklagen, die gegen diese Ketzer geschleudert

---

1) Auszug aus Lassons Biographie Ton Eckhart.

wurden, sind offenbar von dem Eifer der Ketzerrichter erfunden, und dass die Opfer derselben von einem heiligen Streben angetrieben wurden, dies bewies in den härtesten Verfolgungen, in Folterkammer und auf dem Scheiterhaufen ihre Standhaftigkeit. Allerdings artete auch diese neuere Richtung in manchen Fällen in unklare Schwärmerei aus; aber die in ihr enthaltene Wahrheit hat allen einzelnen ketzerischen Richtungen die Macht gegeben, inmitten aller Verfolgungen unvertilgbar auszudauern, bis sie in der Reformation in verklärter Gestalt eine feste kirchliche Organisation gewann.

Johannes Eckhart besaß eine umfassende Gelehrsamkeit und war belesen nicht nur in der Bibel, sondern auch in den Werken der „Heiden". Er sagt: „Ich habe viele Schriften gelesen, beides von heidnischen Meistern und Propheten, vom alten und vom neuen Bunde, und habe mit Ernst und ganzem Fleiß gesucht, welches die beste und die höchste Tugend sei."

Eckharts Lehrweise hat mindestens bis zum Jahre 1307 keinen größeren Anstoß erregt. Dies beweist das Vertrauen, das er in seinem Orden genoss. Von jenem Jahre an hören wir von ihm nur, wo von Maßregeln kirchlicher Verfolgung gegen ihn die Rede ist. Diese Verfolgung scheint jedoch für Eckhart zunächst keine weiteren Konsequenzen gehabt zu haben, wenigstens zeigen sich Spuren, dass er noch 1322 ungehindert in Straßburg gepredigt hat. Er kam dann als Prior nach Frankfurt am Main. Die letzten Jahre seines Lebens hielt sich Eckhart in Köln auf, als das Haupt einer Theologenschule, welcher Tauler und Suso angehörten. Er predigte in der Kirche seines Klosters und lehrte an der durch Albertus Magnus berühmt gewordenen Hochschule.

An das im Jahre 1325 zu Venedig abgehaltene Generalkapitel gelangten schwere Anklagen, dass in der deutschen Ordensprovinz von einigen Brüdern in der Predigt vor dem gemeinen Volke Lehren vorgetragen würden, welche ungebildete Leute leicht zum Irrtum verführen könnten. Gervasius, Prior von Anjou, wurde mit der Untersuchung der Sache betraut. Wir erfahren dann, dass im Jahre 1326 auf dem Generalkapitel zu Paris der Prior der deutschen Ordensprovinz (Johs. Eckhart) abgesetzt wurde.

Je größere Erfolge die Lehrtätigkeit Eckharts hatte, um so größer wurde der Eifer seiner Gegner. Besonders tat sich darin der Erzbischof von Köln, Heinrich von Vienenburg, hervor, welcher beim Papste Anklage gegen den Predigerorden erhob, und wenn Eckhart nicht als Ketzer verbrannt wurde, so ist dies nur dem Umstände zu verdanken, dass er beim Volke in so hohem Ansehen stand, dass man nicht wagte, sich ohne die äußerste Notwendigkeit an ihm zu vergreifen.

Im Jahre 1326 kam Eckhart vor das Gericht der Inquisition. Zu einem Widerruf seiner Lehren verurteilt, erklärte er am 13. Februar 1327, dass er jeden Irrtum in der Lehre und jede Anstößigkeit im Lebenswandel, soweit es ihm möglich gewesen, immer verabscheut habe. Wenn deshalb irgendein Irrtum sich vorfinde, den er in der Vergangenheit geschrieben, gelehrt oder gepredigt, öffentlich oder heimlich, an irgendeinem Orte oder zu irgendwelcher Zeit, gerade heraus oder unmittelbar, aus Unklarheit oder Widerspenstigkeit des Sinnes, so widerrufe er ihn hiermit ausdrücklich und öffentlich vor den Mitgliedern des Gerichtshofes allen insgesamt und vor jedem einzelnen, weil er solches von jetzt ab für nicht gesagt oder für nicht geschrieben angesehen wissen wolle.

Damit hat Eckhart nicht zugegeben, einen Irrtum gesagt oder geschrieben zu haben, und es ist deshalb auch nichts widerrufen worden. Wie es scheint, wurde er aber dennoch von dem Inquisitionsgericht zu einer Strafe verurteilt, denn er appellierte am 20. Februar gegen das Urteil der Inquisitoren an den Papst. Die darauf folgende Untersuchung nahm einen für Eckhart ungünstigen Verlauf; denn im Jahre 1328 erschien eine Bulle des Papstes gegen eine Reihe von Lehrsätzen, die aus Eckharts Schriften gezogen waren, weil sie „befremdlich, zweifelhaft, verdächtig und verwegen“ lauteten. Solche verwegene und rätselhafte Sätze zu lehren sei gefährlich wegen der Heuchler beiderlei Geschlechts.

Im Anfange des Jahres 1329 starb Eckhart, und nun fiel mindestens die Rücksicht auf seine Person fort. Am 27. März 1329 erließ der Papst eine neue Bulle, welche 28 Sätze des Meisters als ketzerisch oder der Ketzerei verdächtig bezeichnete und als solche verwarf, und sie einem allzu heißen Drange nach Erkenntnis zuschrieb, der sich nicht in den vorgeschriebenen Glaubenssätzen habe genügen lassen.

Das heißt mit anderen Worten, dass Eckhart ein Mann war, der es wagte, selber zu denken und seine Augen dem Lichte der Erkenntnis zu öffnen, anstatt mit der Wahrheit verschlossenen Augen in blindem Glauben an Dogmen zu hängen. Gegen den persönlichen Charakter dieses Mannes muss nichts einzuwenden gewesen sein, da trotz der kirchlichen Verdammung über den Gefallenen ihm nichts Schlimmeres nachgesagt wurde.

Inmitten der heftigsten Verfolgungen war Eckhart gestorben. Noch über sein Grab hin rief der Papst seinen Verdammungsruf. Aber die Gedanken Eckharts waren damit nicht tot, sie gewannen erst jetzt rechtes Leben. Begeisterte Schüler trugen sie in die Welt hinaus, und obgleich von der Kirche verstoßen, blieb Eckhart der Meister, zu dem sich viele der edelsten, frommsten und geistvollsten Männer ohne Scheu bekannten. Nun wurde Eckhart „der Meister" für ein ganzes Geschlecht von Theologen; er heißt der große, der hohe, der selige, der göttliche Meister, dem Gott nie etwas verbarg.

Man zitierte seine Aussprüche, und Sammlungen derselben gingen von Hand zu Hand. Suso spricht von ihm als demjenigen, der ihn von den Anfechtungen, Zweifeln und Ängsten seiner Seele befreit hat, er sieht ihn in Visionen, umstrahlt von dem Lichte der Verklärung, und hört seine Versicherung, dass ihm die volle Anschauung des göttlichen Lichtes nach dem Tode zu teil geworden sei. Nun erst gewinnen die Gedanken des Meisters Macht über die Nation. Die begeisterten Schüler breiten sie aus und entzünden durch gewaltige Predigt auch die trägen Herzen. So gestalten seine Schüler auf Edkhartischer Grundlage die deutsche Mystik als ein spezifisches Gut der deutschen Nation.

Aber auch des Meisters Schriften haben weiter gewirkt. Man wird ihnen wohl, dem Befehle des Papstes gehorchend, nachgespürt und viele derselben vertilgt haben; aber viele auch sind der Verfolgung entgangen. Als kostbarer Besitz wanderten sie im Verborgenen von Hand zu Hand. Natürlich, dass sie oftmals nicht mit dem Namen des Verfassers bezeichnet waren und dass Eckharts Schriften zuweilen unter anderen Namen gingen. Man wurde nicht müde, sie abzuschreiben, Auszüge aus ihnen zu machen, wichtige Betrachtungen herauszuheben und Stellen von ihnen anderen Büchern einzuverleiben.

So kommt es denn, dass sich die Gelehrten heute noch darüber streiten, ob dieser oder jener Satz von Eckhart oder von einem anderen geschrieben worden sei. Uns bekümmert es aber gar nicht, ob eine Wahrheit von diesem oder jenem Menschen verkündigt worden ist; es handelt sich um nichts anderes, als dass es Wahrheit ist und dass wir sie erkennen. Weder Eckhart noch Tauler noch irgendein anderer hat das Verdienst, eine neue Wahrheit verfertigt oder erfunden zu haben, und was irgendein Philosoph des Mittelalters oder der Neuzeit entdeckt zu haben meint, das haben andere schon Jahrtausende früher gesehen.

Auch haben sich Lasson und andere vergeblich bemüht, die ewige Wahrheit, wie sie Eckhart dargelegt hat, in ein System zu zwängen. Vergebliche Mühe! Es ist nun einmal die Natur des Unbeschränkten, dass es sich nicht zergliedern und klassifizieren lässt; denn da bedingt der Anfang das Ende, das Ende den Anfang; da ist in der Tat weder Anfang noch Ende, sondern nur ein einziges Ganzes, das man wohl von verschiedenen Seiten betrachten, aber nicht in Teile, die es ja gar nicht hat, zergliedern kann. Es ist da nicht wie in der Chemie, wo aus zwei Verbindungen eine dritte entsteht, es ist da entweder alles auf einmal oder nichts da.

Das Dasein des Glaubens ist bedingt durch das Vorhandensein der Liebe, die Liebe ist bedingt durch die Erkenntnis, die Erkenntnis durch den Gehorsam, der Gehorsam durch den Glauben; es ist das Ganze eine Kette, die sich nicht zergliedern lässt, es sind alles mystische Kräfte, die im Grunde genommen nur eine sind, und die man selber haben muss, um sie zu begreifen. Sie entstehen nicht, sie offenbaren sich bloß und sind nur verschiedene Seiten einer einzigen Offenbarung, die sich nicht in Stücke zerlegen und klassifizieren lässt, und die man deshalb den Philosophen nicht mundgerecht machen kann. Spricht man von der Erkenntnis, so ist damit die Ergebung gemeint; die Ergebung aber ist die Vereinigung und diese die Abgeschiedenheit, und die Abgeschiedenheit ist die Heiligung und die Heiligung ist die Erkenntnis; es gibt da keinen Unterschied als denjenigen, den man sich selber macht; es dreht sich da das Ganze um nichts anderes, als um das ewige Sein, und dieses beruht auf nichts anderem als auf sich selbst.

Die Wahrheit, von der Eckhart sprach, ist noch immer dieselbe, welche vor Jahrtausenden durch den Mund der Weisen sprach, dieselbe, welche Buddha und Pythagoras und viele andere lehrten, und welche in den uralten Veden der Inder zu finden ist. Das Wort Gottes spricht noch immer dasselbe, was es am Anfange gesprochen hat, und was es durch den Menschen spricht, beruht nicht auf diesen oder jenen Voraussetzungen und Theorien, sondern auf Wahrheit, weil das Wort Gottes im Herzen des Menschen die Wahrheit ist. Da aber jeder Mensch diesem Worte denjenigen äußeren Ausdruck verleiht, welcher seiner Natur angemessen ist, so wie das Wasser, wenn es in ein Gefäß gegossen ist, die Form des Gefäßes annimmt, so ist auch die Ausdrucksweise, welche die Weisen gebrauchen, um eine und dieselbe Wahrheit auszudrücken, der Form nach die eine von der anderen verschieden; und was uns in der Redeweise des einen unverständlich ist, mag uns, in der Art eines andern ausgedrückt, verständlich sein. Aus diesem Grunde mag es zweckdienlich sein, die Lehre der Wahrheit, wie sie Eckhart erklärt, mit den Lehren derselben Wahrheit in den Upanischaden zu vergleichen.

Yoga

„Yoga ist die Herrschaft über sich selbst."
(Pantanjala)
„Tue alles weg von dir, was nicht Gott ist, und es bleibt dann nur noch Gott übrig."
(Meister Eckhart)

Es kann keine höhere Wissenschaft geben, als diejenige, welche die Wahrheit im ganzen Weltall umfasst. Diese Wissenschaft wird aber nicht in den Hörsälen unserer Akademien gelehrt, und die Unendlichkeit ist auch dem beschränkten Menschenverstand unbegreifbar; da aber die allen Erscheinungen zugrunde liegende Wahrheit nur eine einzige ist, so kann sie der Geist auch erkennen, sobald er sich über die Beschränktheit erhebt und sich selbst als eins mit der Wahrheit erkennt. Die Wahrheit ist die allen Dingen oder Erscheinungen zugrunde liegende Wirklichkeit, die wahre Wesenheit von allem in ihrer Vollkommenheit, deren Offenbarung die Welt der Erscheinungen ist, welche wir sehen, wie auch derjenigen Formen, die für uns unsichtbar sind. Dieses wirkliche, alleinige, allgegenwärtige, unerschaffene, selbstexistierende Wesen ist Gott, und die Vereinigung des Menschen mit Gott wird Yoga (von yog, sanskr. = binden) genannt.

Die Yoga-Lehre ist somit die Lehre von der Vereinigung mit Gott, oder, was dasselbe ist, der „Weg zu Christus", dem Gottmenschen, der im Herzen von allen wohnt. Sie ist die höchste von allen Lehren, sie lehrt den Weg zur Freiheit, Erlösung und Vollkommenheit. Wer Herr über sich selbst geworden ist, der ist unabhängig von allem. Deshalb sagt auch die Bhagavad Gita:

Wer mich, den mächtigen Herrn der Welt, der ich ungeboren und ohne Anfang bin, erkennt, der wandelt ohne Irrtum unter den Sterblichen und ist frei von Sünde. (Kap. X, 3)

Das Wort „Yoga" stimmt überein mit dem Worte „Religion" (von religere, lat. = zurückbinden) in seiner ursprünglichen und wahren Bedeutung. Beide Ausdrücke beziehen sich auf das unsichtbare Band, welches den Menschen mit Gott, d. h. die menschliche Erscheinung mit dem ihr zugrunde liegenden wahren göttlichen Wesen verbindet. Die wahre Religionslehre ist die Lehre, welche uns den richtigen Aufschluss gibt über die

Beziehungen, in welchen die Seele des Menschen zu ihrem eigenen göttlichen Ursprünge steht, welcher zugleich das höchste Endziel ihrer Bestrebungen ist, und sie gibt die Mittel an, wie der Mensch wieder zu dieser verloren gegangenen göttlichen Selbsterkenntnis gelangen kann. Ob die moderne Religion dies tut, diese Frage mag sich jeder selbst beantworten.

Die Yoga-Lehre zeigt uns den Weg zum wahren Sein. Sie ist keine bloße Morallehre; sie rät dem Menschen, sein ewiges Leben nicht in einem anderen äußeren Menschen, sondern in sich selbst zu suchen und selbst zu diesem höheren ewigen Leben zu erwachen; sie verlangt keinen blinden Glauben an diese oder jene Meinung, sondern das Aufgehenlassen der Erkenntnis im eigenen Innern. Die Religion des Alltagsmenschen, insofern sie nicht auf Aberglauben beruht, ist ein ethisches System. Sie gibt uns gewisse Regeln und Vorschriften und sucht uns durch Versprechungen und Drohungen zu bewegen, dieselben zu befolgen; sie appelliert an unsere Selbstsucht und unseren Eigennutz, an unsere Furcht vor persönlichem Nachteil im „Jenseits“, geradeso wie das Strafgesetzbuch an unsere Furcht vor persönlichem Nachteil im „Diesseits“ sich richtet, während alles dies der Yoga-Lehre geradezu entgegengesetzt ist; denn diese fordert völlige Selbstlosigkeit, völlige Freiheit von allen Begierden nach Belohnung oder Furcht vor Strafe, ein völliges selbstloses Aufgehen in Gott, in der Liebe zum Ganzen, welche die Selbsterkenntnis der Einheit im Ganzen ist, und sie verlangt dies nicht mit Berufung auf irgendein Versprechen oder eine Drohung, sondern sie gibt uns die wissenschaftlichen Gründe dafür an. Sie ist kein dogmatisches, künstlich gemachtes Religionssystem und keine philosophische Spekulation. Sie stützt sich auf keine Theorien oder Schlussfolgerungen, Überlieferungen oder äußere „Offenbarungen“ oder Mitteilungen von anderen; sie ist von niemandem ersonnen, verfertigt, erdacht oder erfunden; sie ist keines Menschen Werk, sondern eine hohe und heilige Wissenschaft, deren Grundlage die eigene Erfahrung und Selbsterkenntnis ist; sie hat nichts mit Visionen und Träumereien zu tun, sondern ist das Resultat von einem geistigen Erwachen zu einem höheren Bewusstsein, einer Auferstehung durch den „mystischen Tod“ zu einer höheren Daseinsform.

Diese Yoga-Lehre bildet aber nicht nur das Wesen der indischen Weisheitslehre, sondern sie ist auch die Grundlage und der Gipfelpunkt alles wahren Christentums, wenn sie auch nur verhältnismäßig wenigen

Theologen bekannt ist. Dasjenige, was die große Menge nicht fassen kann, ist für sie ein Geheimnis. Auch wurden die auf die tiefsten Wahrheiten der Religion sich beziehenden Lehren zu allen Zeiten als heilige Geheimnisse bewahrt, und nur den Würdigen mitgeteilt; die Yoga-Lehre, die heiligste von allen, war stets nur den Eingeweihten bekannt. Sie wurde von den indischen und ägyptischen Priestern sorgfältig bewahrt; sie war die Grundlage der „Mysterien" der Griechen und Römer; sie ist in der „Geheimlehre" der Adepten enthalten; ihr Grundsatz aber ist, dass der Mensch und Gott Eins in ihrem Wesen sind und dass der Mensch, wenn er zur Gotteserkenntnis gelangt, sich selber als Gott erkennt, oder wie es der christliche Mystiker Johann Scheffler (Angelus Silesius) ausdrückt:

> Von Gott wird nichts erkannt, er ist ein einzig Ein;
> Was man von ihm erkennt, das muss man selber sein.

Dies ist freilich eine Lehre, die nicht jeder begreifen kann, und es ist auch heute noch bedenklich, sie jedermann mitzuteilen, da der Tor, welcher von Gotteserkenntnis nichts weiß und selber nichts in Wahrheit ist, sich dadurch in seinem Eigendünkel leicht hinreißen lassen könnte, sich einzubilden, dass er selber Gott sei. Deshalb finden sich Ermahnungen zur Verschwiegenheit in allen Schriften, die von der Yoga-Lehre handeln. Unter anderen sagt auch der Verfasser des Oupnekhat („Das zu bewahrende Geheimnis"):

Du sollst nicht in schlechter Gesellschaft sitzen und dieses Geheimnis dem aufdringen, welcher kein Verlangen danach hat, doch endloser Lohn wird dem zuteilwerden, welcher, nachdem er sein Inneres und Äußeres rein gemacht hat, denen, welche die Wahrheit suchen, dieses Wissen mitteilt, und es zu glücklicher Stunde auch dem Nicht-suchenden zu Gehör bringt. (Oupn., Kioni III.)

Das Geheimnis der Sache liegt aber nicht sowohl darin, dass diese Lehre verheimlicht wird; denn in der Tat wird sie jedem, der reif dafür wird, von selbst offenbar, sobald er zur wahren Erkenntnis gelangt, sondern vielmehr darin, dass zu ihrem Verständnis eine höhere geistige Kraft als die gewöhnliche Gehirntätigkeit des im Finstern tastenden und nach Beweisen suchenden Weltgelehrten oder Theologen gehört.

Aus zwei Teilen besteht das Wissen, aus dem kleinen und dem großen. Kleines Wissen ist das Erlernen der Sprache, der Arithmetik, Astronomie, der zum Ackerbau, zur Schifffahrt, zur Erbauung der Häuser (Systeme) und zu dem anderen notwendigen Wissenschaften. Dies ist das kleine Wissen. Das große Wissen ist jenes, durch welches sie zum Wesen gelangen, welches Form der Ewigkeit, der Unzerstörbarkeit und der Unwandelbarkeit ist. Beim Nachdenken über jenes Wesen sollst du „an einem stillen Platz sitzen“, wo kein Durchgang ist und deine Aufmerksamkeit nicht zerstreut wird. Aus der Lauterkeit deines Herzens baue um dich eine Mauer auf, und wisse, dass Atma dich von allen Seiten beschützt. (Oupnekhat, Ambrat Nad.)

Aber nicht nur in den Bibliotheken des Vatikans, in den wenigen zugänglichen Upanischaden, oder in den alten Scharteken der Mystiker und Alchemisten ist diese Yoga-Lehre enthalten; sie teilt sich von selber jedem mit, der edel genug ist, um sie zu empfangen und fähig ist, rein und erhaben zu denken. Deshalb durchweht ihr Geist alle wahre Poesie. So lehrt z. B. Schiller Yoga, wenn er sagt:

Nehmt die Gottheit auf in eurem Herzen,
Und sie steigt herab vom Weltenthron.

Noch klarer und deutlicher finden wir sie in Rückerts Lehrgedichten, wo es, um ein Beispiel anzuführen, heißt:

Ich, der Gefangene, der mit seinen Ketten spielt,
Der blinde Schütze, der nach hohem Ziele zielt;
Der Geistern anverwandt, ans Tier gebundene,
Sich selber suchend, stets sich selbst entschwundene,
Der nicht weiß, was er ist, war oder werde sein;
Was war' ich denn, wenn ich nichts war' als ich allein?
Ich bin auch du, weil du das bist, was in mir ist;
Ich bin mehr als ich bin, weil du mein alles bist.

Am wenigsten von der Yoga-Lehre und am wenigsten Wahrheit aber findet man in der modernen spekulativen Philosophie; denn da handelt es sich um keine eigene Erkenntnis, sondern nur um einen Vergleich von allen möglichen Meinungen, Theorien, Hypothesen und Voraussetzungen, um sie in irgendein System einzupassen und dem beschränkten irdischen Verstand mundgerecht zu machen; da geht der Philosoph um die Wahrheit herum, wie die Katze um den heißen Brei; er hat keine Lust, davon zu essen, er will nur seine Neugierde befriedigen, um die Welt glauben zu machen, dass er wisse, was die Wahrheit sein müsste, wenn man sie hätte. Am allerwenigsten aber ist in dem modernen Scheinchristentum eine wahre Selbsterkenntnis zu finden, denn insofern dasselbe nicht zur bloßen Modesache herabgesunken ist und aus Windbeutelei besteht, hindert dort der verkehrte Glaube an das Äußerliche die Erkenntnis der Wahrheit im Innern.

Wollen wir die Wahrheit im Christentum finden, so dürfen wir sie nicht an der Oberfläche desselben, wo alles Schein ist, suchen, sondern wir müssen in dessen verborgene Tiefe hinabsteigen, in die nur der Blick des geborenen Mystikers dringt, und zwar muss er dies selber tun und sich auf keinen anderen verlassen; denn selbst die beste Yoga-Lehre kann ihm keine Erkenntnis schaffen, wenn die Erkenntnis ihm nicht wird; sie kann ihm nur den Weg zeigen, den er zu gehen hat; das Gehen muss er selber besorgen. Könnte man die okkulten Lehren der Mystik dem irdischen Verstand, der sich nicht über die Selbstsucht zu erheben vermag, begreiflich machen, so wäre es weder mystisch noch okkult. Wie sich der Sinn eines Musikstückes nicht in dürren Worten wiedergeben oder beschreiben lässt, so ist es auch mit der Mystik. Nur Gleiches kann Gleiches begreifen. Wem das Wahrheitsgefühl im Herzen lebendig ist, der wird in den geheimen Sinn der Lehren eindringen; wer dies nicht hat, der findet sich darin nicht zurecht. Deshalb sind auch die meisten gelehrten Kommentare zu den deutschen Mystikern für jeden, der einen Funken wahrer Erkenntnis hat, widerlich, wenn nicht geradezu ekelerregend. Da das eigene Wissen dieser Kommentierer aus nichts anderem als zusammengelesenen Theorien und Spekulationen besteht, so wissen sie auch von nichts anderem. Sie halten die Wahrheit, welche erleuchtete Männer durch eigene Anschauung erkannten, für ausgesonnene „Postulate“ und postulieren und kritisieren dann tapfer darauf los, ohne zu bedenken, dass, wer die Werke eines Adepten kritisieren will, erst selbst ein Adept werden muss, um sie zu begreifen. Deshalb haben auch alle Abhandlungen über die Werke der Mystiker, wenn sie selbst vom Oberkirchenrate beglaubigt sind, aber nicht aus dem „Heiligen Geist“, dem Geiste der Wahrheit geschrieben wären, für den Verständigen absolut keinen Wert.

Die Mystik ist dasjenige Wissen, welches nicht der intellektuellen Klügelei, sondern der geistigen Erkenntnis entspringt. Wer Gott sehen will, muss ihn nicht in künstlich zusammengesetzten Worten, sondern im Geiste und in der Wahrheit erforschen.

Das Vergängliche im Menschen nimmt das Vergängliche in der äußeren Natur, das Ewige im Menschen nimmt das, was im Universum unvergänglich ist, wahr; das Dasein des einen bedingt das Dasein des anderen:

Die Ewigkeit begreift die Ewigkeit allein;
Was in mir Ew'ges denkt, das muss unendlich sein.
(Rückert)

Wenn von geistigen Dingen die Rede ist, so stellt sich der materielle Verstand, der sie nicht begreifen kann, etwas Verkehrtes darunter vor. Deshalb beginnt schon mit der bloßen Erwähnung von Worten wie „Gott", „Erkenntnis", „Glaube" usw. die babylonische Sprachenverwirrung; der beschränkte Verstand stellt sich unter „Gott" etwas Beschränktes vor und schilt denjenigen einen Pantheisten, der von Gottes Allgegenwart spricht.

Der mit Meinungen großgezogene und aufgeblähte *Verstand*, welcher keine wahre Erkenntnis hat, stellt sich unter *Glauben* das Festhalten irgendeiner Meinung vor, die man entweder vom Hörensagen kennt, oder sich selbst aus Mondschein verfertigt hat usw. So war es vor Tausenden von Jahren und so wird es auch noch lange Zeit bleiben. Neben dem großen Wissen wächst das kleine Wissen, neben jedem einfältigen Weisen ein vielseitig gelehrter Narr; wo ein Pythagoras ist, da ist auch ein Aristoteles nicht weit weg. Sagt doch Empedokles schon:

Nimmer mit Augen zu schauen ist der Gottheit ewiges Wesen;
Niemand nahet sich ihm, noch kann man mit Händen es fassen,
Wie es die Menge vermeint auf breiter Straße des Wähnens.
Gott ist Heiliger Geist, ganz unaussprechlich dem Menschen,
Ist durcheilend das All, das allbewegende Denken.

Das hindert aber nicht, dass sich noch heutzutage Gelehrte und Theologen in die Haare geraten, weil jeder meint, dass seine Definition von *Gott* die richtige, und die des andern die unrichtige sei; der *gebildete Kulturmensch* aber, der bereits auf dem Standpunkte angelangt ist, zu glauben, dass es nichts gäbe, was er nicht weiß, schließt folgerichtig, dass es keine Wahrheit gäbe, weil er nichts von ihr weiß.

Dasjenige, was uns an der wahren Erkenntnis hindert, ist nicht die Nichterkenntnis oder die Unwissenheit; denn das Nichterkennen ist immer da, bevor die Erkenntnis kommt. Das, was uns hindert, sind die selbst gemachten falschen Begriffe, welche wir für Erkenntnis halten, und welche erst vernichtet werden müssen, ehe die Erkenntnis zustande kommen kann. Würden wir uns von gar nichts selbst eine Vorstellung machen, so könnte sich die Wahrheit uns selbst so vorstellen, wie sie ist; wie man ja auch viel deutlicher auf eine leere Tafel schreiben kann, als auf eine, die bereits vollgeschrieben ist. Wer gar keine Weltanschauung besitzt, der kann viel leichter zu einer richtigen Weltanschauung kommen, als wer eine falsche besitzt. Deshalb sind auch die Gelehrten in der Regel die letzten, welche die Wahrheit erkennen. Das Sprichwort sagt: „Je gelehrter, desto verkehrter“, vorausgesetzt, dass der Gelehrte eine verkehrte Gelehrtheit besitzt.

Da nun bei uns heutzutage beinahe jedermann von den Worten, die sich auf geistige Dinge beziehen, anerzogene falsche Begriffe hat, so ist es zweckdienlich, uns nach dem Osten zu wenden, wo alle geistige Lehre ihren Anfang nahm, und wo wir denselben Wahrheiten, welche uns die christlichen Mystiker verkünden, in anderen Worten, aber in solchen, mit denen wir noch keine falschen Begriffe verbunden haben, wiederfinden. Dadurch werden uns dann auch leichter die dunkeln und sich oft scheinbar widersprechenden Redensarten der deutschen Mystiker klar.

Es gibt nur eine einzige ewige Wahrheit und nur eine einzige Erkenntnis derselben, die Weisheit. Aber die Lehre, welche sie mit sich bringt, kann in verschiedenartiger Form dargestellt werden; sie spricht sowohl zum Gefühl als auch zum Verstand. Die deutsche Mystik, der es an klaren Worten für ihre Begriffe fehlt, könnte mit der Musik verglichen werden, welche nur zum Herzen spricht, die Wissbegierde aber unbefriedigt lässt.

Die indische Mystik ist reich an den nötigen Worten; sie liefert nicht bloß die Musik, sondern auch noch den erläuternden Text dazu. Dieser Text ist seiner Natur nach wohl zu unterscheiden von demjenigen, welchen die Gelehrten und Theologen liefern, welche keine Mystiker sind und keine Selbsterkenntnis besitzen.

Die Behauptungen der letzteren beruhen auf Theorien und Spekulationen, und wenn auch mitunter in ihnen zerstreute Körner von Wahrheit enthalten sind, so gleichen sie doch den Beschreibungen von Träumen, die sich für den Betreffenden noch nicht verwirklicht haben, während der erleuchtete Mystiker uns seine eigenen Erlebnisse erzählt, und weil er sie selber erlebt hat, braucht er auch nach keinem weiteren Beweise zu suchen, um sich von ihrer Wahrheit zu überzeugen.

Dass er sein wahres Dasein erkannt hat, ist ihm Beweis genug, dass es da ist. Und wie ein und dieselbe Lehre von denjenigen ausgeht, die sich selber gefunden haben, so liegt auch der Wahrheitsbeweis für denjenigen, der sie liest oder hört, in nichts anderem, als dass er sich selber findet. Findet er sich in Wirklichkeit selbst, so hat sich die Wahrheit in ihm verwirklicht, alle anderen Beweise sind wertlos.

Am Dinge zweifeln kannst du, was und ob es sei,
An deinem Ich fällt dir gewiss kein Zweifel bei.
Dies ist der Ausgangspunkt. Sei deiner nur gewiss,
Zu allem Wissen kommst du so ohn' Hindernis.
(Rückert.)

Nimmt man ein modernes Buch in die Hand, das von einem Mystiker oder Philosophen handelt, so ist in der Regel das erste, was man erblickt, eine Diskussion, ob derselbe dieser oder jener „Schule" angehört habe, ob er ein Pythagoräer, Hegelianer, Schopenhauerianer usw. gewesen sei.

Da sollte man wirklich glauben, dass es bei einem Philosophen die Hauptsache sei, dass er keinen eigenen Verstand hätte, und dass alle Philosophie in dem gläubigen Nachbeten von dem, was einem vorgebetet wurde, besteht.

Die wahre Philosophie (von philo = lieben und sophia — Weisheit besteht aber nicht darin, dass man in die Meinungen eines anderen Menschen verliebt werden soll, sondern dass man sich selbst in der Wahrheit findet, selber die Wahrheitserkenntnis erlangt.

Deshalb gehört auch der wahre Mystiker keiner anderen „Schule" an, als der „Schule des Heiligen Geistes", d. h., des Geistes der göttlichen Selbsterkenntnis, „wo der Himmel (das wahre Selbstbewusstsein) das Schulhaus, das Buch ein lauteres Herz, die Ewigkeit die Lektion, das ungeschaffene Licht der Lehrmeister ist; wo man nicht außer sich zu suchen hat, was einen zur ewigen Seligkeit fördert, sondern alle Wahrheit in einem sich erlebt." (Eckhart 616, 2).

Deshalb sagt auch der gewiss nicht der Ketzerei beschuldigte Thomas von Kempen:

Wohl dem, den die Wahrheit durch sich seihst belehrt, nicht durch vergängliche Bilder und Worte, sondern so, wie sie ihrem Wesen nach ist. (Nachfolge Christi III, 1.)

Yoga ist das Sichwiederfinden in Gott. Die Yoga-Lehre ist die Lehre des Weges, den der Mensch wandeln muss, wenn er sich im wahren Sein wiederfinden will. Vielleicht lassen sich die Hauptpunkte der Yoga-Lehre in folgende sieben Gruppen zusammenfassen. Diese Punkte sind keine Theorien oder „Postulate", auch keine auf äußerer Offenbarung beruhenden Dogmen, sondern Tatsachen, deren Erkenntnis der innerlichen Erfahrung (Yoga) entspringt.[1)]

I. Die Gottheit (Parabrahm). Das beziehungslose, nicht offenbare, unbeschränkte, eigenschaftslose Nichtoffenbare, das Absolute, die ewige Einheit und unbewegliche Ruhe, das Nichts, in dem alles enthalten ist, der bodenlose Abgrund allen Seins; das Nichtsein, in welchem das Dasein einen Ursprung hat, die Ewigkeit.

Am Anfange eines Schöpfungstages geht das gesamte geoffenbarte All aus dem Nichtoffenbaren (Zustande) hervor, und es verschwindet in ihm, der der Nichtoffenbare genannt wird, beim Anbruche der Nacht. (Bhagavad Gita, Kap. VIII, 18.)

II. Gott (Brahma). Das unpersönliche, alleinige Grundprinzip im Weltall, die Quelle, die Ursache, die Wahrheit, Wirklichkeit und das Wesen von allem, aus dessen Substanz alles entspringt und in welche alles zurückkehrt; das eine wahre, vollkommene Sein; das Leben, Bewusstsein, Vernunft, die Seele von allem in ihrer Vollkommenheit; dasjenige, was alles erschafft, erhält und verändert.

Ich bin die Seele, welche im Herzen eines jeden Geschöpfes ihren Sitz hat. Ich bin der Anfang, die Mitte und das Ende von allem. Das ganze Weltall ist durch mich entfaltet worden, vermöge meiner substanziellen Natur. Alle Dinge wohnen in mir. Mein Geist ist der Träger von allen Dingen, aber er ist nicht in ihnen eingeschlossen. (Bhagavad Gita.)

III. Das Weltall ist die Offenbarung der Wahrheit. Alles, was wir darin sehen, gehört dem Reich der Erscheinungen an. Täuschungen entstehen dadurch, dass der Mensch die Gottheit, welche in allen Dingen verborgen ist, nicht erkennt, und die Erscheinung eines Dinges für dessen wirkliche Wesenheit hält.

Die Wesen in dieser Welt lassen sich durch die Täuschung der Gegensätze betören, welche aus Begierde und Abscheu entspringen. (Bhagavad Gita.)

---

1) Es braucht kaum bemerkt zu werden, dass die hier angeführten Definitionen von „Gottheit" und „Gott" nur einen negativen Wert haben, um anzudeuten, was Gott nicht ist, aber um sich einen beschränkten Begriff von ihm zu machen.

IV. Der Mensch ist eine dieser Erscheinungen oder Offenbarungen, und als Ganzes im Ganzen ist auch in ihm alles enthalten, was im Ganzen enthalten ist. Aber er hat das vor anderen Geschöpfen voraus, dass er vermöge seiner höheren Organisation befähigt ist, das wahre Wesen (Gott) in sich selbst zu erkennen. Die Erlangung dieser Selbsterkenntnis wird Yoga genannt.

Durch das Eingehen in mich erlangt der Weise meine eigene Selbsterkenntnis, mein Wesen, meine Wirklichkeit, mein Sein, meine Größe, und wenn er mich in der Wahrheit gänzlich erkennt, so ist er gänzlich in mir. (Bhagavad Gita VIII, 55.)

V. Yoga besteht somit in der Überwindung der Täuschung, welche im Menschen den Wahn verursacht, dass er ein von Gott wesentlich verschiedenes Wesen sei, und infolgedessen er sich nicht selbst als das, was er wirklich ist, erkennt.

Den Schein, der zwischen dir und Gott steht, räume fort,
Und einfällt Raum und Zeit, dein Hier ist ewig dort.
(Rückert)

VI. Reinkarnation. Solange aber der Mensch nicht zu dieser Selbsterkenntnis gelangt ist, hat er auch kein selbstständiges, selbstbewusstes, wirkliches Dasein, sondern ist nur ein Scheinwesen, und dieses Scheinwesen erneuert sich immer wieder und tritt auf in neuer materieller Form; mit anderen Worten, die Elemente (Geist, Selbstbewusstsein, Materie etc.) welche den Menschen bilden, treten nach dem Tode der Persönlichkeit wieder in neuen persönlichen Erscheinungen auf, sodass „die Seele" des einzelnen (nicht aber seine „Person") aus dem subjektiven Zustande immer wieder ins objektive Dasein kommt (die Seele sich reinkarniert), bis dass der Mensch auf dem Wege der Erfahrung zur Selbsterkenntnis und dadurch zur Unabhängigkeit von allem, zum wahren Dasein gelangt.

Wie ein Mensch, der seine alten Kleider abgelegt hat, ein neues Gewand anzieht, so offenbart sich die Seele, nachdem die zerrissenen Gewänder abgelegt sind, wieder in neu sich bildenden Leibern. (Bhagavad Gita, II, 22).

VII. Nirwana ist derjenige Zustand, in welchen der Mensch gelangt, wenn er in die Gottheit selbst (ins Absolute) eingeht, und worin er aller Selbstsucht und damit aller daraus entspringenden Begierden ledig wird. Er ist dann selbst alles in allem und hat nichts mehr zu wünschen; er ist selbst die Ruhe und ewige Seligkeit.

Er ist das Licht in allen Dingen, die Licht haben, und über alles Dunkel erhaben. Er ist das Erkennen, der Erkenner und auch der Gegenstand seiner Erkenntnis, der im Herzen von allem wohnt, der keinen Anfang hat und weder sein noch Nichtsein genannt werden kann. Über alle Wesen erhaben, wohnt er dennoch in allen; in sich selbst unbewegt, bewegt er sich in seiner Natur. (Bhagavad Gita XIII, 17, 15).

Die „Beweise“ für obige Punkte wird schwerlich jemand in Büchern finden; wohl aber kann sich jeder durch ein Eingehen in die Tiefe seines Bewusstseins und durch Selbstbeobachtung davon überzeugen, ob das Gesagte richtig ist oder nicht; denn jeder Mensch wurzelt selbst im Absoluten und trägt die Gottheit in sich; er kann bis in den tiefsten Grund seiner Seele dringen und von dort wieder nach dem Äußern steigen. Dadurch lernt er sich und die Welt kennen, denn er ist selbst im Kleinen ein Bild des großen Ganzen.

Du wirst die Welt in dir nicht mehr die kleine nennen,
Wenn du das Göttliche im Menschen wirst erkennen.
Klein ist und eng, was Raum und Zeit nennt seine Schranke,
Nur göttlich weit ist ein gottfassender Gedanke.
Umringt von einem Meer verkörperter Gedanken,
Empfindest schrankenlos du dich in Körperschranken.
(Rückert)

„Selig sind“, heißt es in der Bibel, „die reinen Herzens sind, denn sie werden Gott schauen.“ Der mit täuschenden Bildern belebte Spiegel der Seele kann das Licht der hohen Göttersonne nicht in seinem ungetrübten Glänze reflektieren. Es wird aber schwerlich jemals einen Menschen gegeben haben, der diese Reinheit des Herzens in einem einzigen Dasein auf Erden erlangt hat, und da es sich nicht um ein Nichtwissen des Falschen, sondern um dessen Kenntnis und Überwindung handelt, so ist der Irrtum und die Sünde die eigentliche Grundlage aller Erkenntnis, und die wiederholten Reinkarnationen dienen dazu, den Menschen nach und nach durch Erfahrung zur Unterscheidung zwischen Wahrheit und Täuschung und zur Überwindung des Irrtums zu führen.

Da der individuelle Mensch in jeder Wiederverkörperung seinem Wesen nach derselbe, wenn auch in seiner körperlichen Erscheinung ein anderer ist, so bringt er bei seinem jedesmaligen Auftreten auf der Bühne des Lebens diejenigen Talente und Neigungen mit, welche er sich in seinem früheren Dasein erworben hat. Jeder ist in diesem Sinne sein eigener Vater und der Sohn seines Vaters und erntet als Sohn die Früchte des Denkens und Trachtens und Tuns seines Vaters, nach dem Gesetz des Karma, welches das ewige Gesetz von Ursache und Wirkung im Sinne der göttlichen Gerechtigkeit ist. Wer diese Lehre von Reinkarnation und Karma begreift, der findet sie auch in der Bibel. In der Sadharma Pundarika, Kap. V, fragen die Jünger in Bezug auf einen Blindgeborenen: „Sind Sünden, welche in einem früheren Leben begangen wurden, die Ursache von dieses Mannes Blindheit?“, und in der Bibel befindet sich eine, wenn auch misslungene Übersetzung dieser Stelle.

Die Vollendung des Yoga ist somit nicht das Werk eines Augenblicks, sondern ein Werk, das vieler Inkarnationen bedarf, um dann in einem Augenblick vollendet zu werden. Wer aber die Täuschung überwindet und zur göttlichen Selbsterkenntnis gekommen ist, der braucht nicht wiederzukommen. Von ihm selbst heißt es in der Bibel: *Ihn will ich zum Pfeiler in meines Gottes Tempel machen, daraus er nicht mehr weichen soll.* (Offenbarung Johannis III, 12.)

Solche erhabene Seelen, die mich erlangt haben, kehren nicht wieder in dieses Leben zurück, welches die Wohnung des Leidens und vergänglich ist. Sie erlangen die höchste Glückseligkeit (das selbst lose Sein). (Bhagavad Gita VIII, 15)

Wem durch die Kraft der in der Vergangenheit erworbenen „Gnade“ (des Genies) die Erreichung des Yoga gelingt, der braucht keine weitere Aufklärung darüber, und er kann diese Selbsterkenntnis auch ohne alles vorhergehende Wissen erlangen. Wollen wir uns aber über das Wesen des Yoga einen vernünftigen Begriff machen, so ist es nötig, diejenigen Grundelemente, welche das Wesen des Menschen ausmachen, und desgleichen auch die Konstitution des Weltalls bilden, kennenzulernen. Die deutschen Bezeichnungen hierfür von „Körper, Seele und Geist“ sind durchaus ungenügend, und es wird uns unserem Ziele viel näher bringen, die siebenfältige Einteilung der indischen Geheimlehre kennenzulernen.

Da diese siebenfältige Einteilung in der theosophischen Literatur unserer Zeit schon vielfach erwähnt wurde, so ist es nur der Vollständigkeit halber nötig, sie hier in Kürze anzuführen.

Es werden sieben Prinzipien oder Zustände im Menschen unterschieden, nämlich:

I. Sthula Sharira, der physische materielle Körper, welcher an sich selbst der „Kadaver" ist, der ist kein wesentlicher Bestandteil des Menschen, sondern nur die Hülle, der Träger des inneren Menschen. Er verhält sich zum letzteren ähnlich wie der Boden zur Pflanze, auf dem sie wächst und aus welchem sie ihre Nahrung zieht, der aber nicht zum eigentlichen Organismus der Pflanze gehört. In der Mystik kommt diese sterbliche Hülle überhaupt kaum in Betracht, und wenn z. B. vom „Fleisch" die Rede ist, so ist damit der „Astralkörper", Kama oder Kama-Manas gemeint. Mit diesem materiellen Körper korrespondiert in der großen Natur die materielle Daseinsebene, das Kleid der Natur.

II. Linga-Scharira, der „Astralkörper", das ätherische Ebenbild des menschlichen Körpers, dessen äußerer Ausdruck der physische Körper ist. Er ist der Träger der Lebenskraft und ihm entspricht in der großen Natur die „Astralebene".

III. Prana, die Lebenskraft, ihr entspricht das Lebensprinzip in der großen Natur.

IV. Kama-rupa. Die sinnliche, tierische Natur im Menschen, der Sitz der Instinkte, Begierden und Leidenschaften; sie ist der Träger für seine höhere Natur, und ihr entspricht die Welt der Elementarwesen in der großen Natur. Sie ist die „tierische Natur" im Makrokosmos; von Jakob Böhme „die feurige Welt" genannt.

V. Manas. Die menschliche Seele im Menschen, das Gemüt, der Denker, welcher hoch und niedrig denken und es auch ganz unterlassen kann. Es ist dasjenige, wodurch der Mensch sich von nicht denkenden Wesen unterscheidet, und das eigentliche Merkmal des Menschen. Es ist der Träger der göttlichen Menschennatur und entspricht im Weltall der Ebene von Akâscha, der Seele der Welt.

VI. Buddhi. Die göttliche Natur im Menschen, über alles Denken und alle Vorstellungen erhaben, entspricht im Weltall dem Gottesbewusstsein (Mahat), Intelligenz. Sie ist der Träger des Geistes, der ohne sie nicht „geboren", nicht offenbar werden kann.

VII. Atma. Der auf keinen Raum beschränkte göttliche Geist.

Wie wir sehen, ist jedes dieser Prinzipien der Träger des nächstfolgenden Höheren. Nicht dass das Niedere das Höhere erzeugt oder erschafft, aber das Höhere entfaltet sich durch das Niedere und wird in ihm offenbar, sodass durch die Gegenwart des Höheren das Niedere veredelt wird.

Auch ist von keiner Umwandlung eines Prinzipes in ein anderes die Rede, wohl aber muss die Oberherrschaft des niederen aufhören, damit das höhere in ihm mächtig werden kann. Die Leidenschaft muss sich legen, damit der Mensch ruhig denken kann, und desgleichen muss die Seele über alles menschliche Denken erhaben werden und das Gemüt zur Ruhe kommen, wenn die Gottesweisheit sich in ihr offenbaren und sie zur Anschauung Gottes gelangen soll. „Wie eine Flamme, die nicht flackert, wenn sie vor dem Winde geschützt ist", sagt die Bhagavad Gita, „soll das Gemüt des Yogi sein", und Rückert drückt denselben Gedanken noch deutlicher aus:

Die Flamme wächst vom Zug der Luft und mehrt den Flug,
So hält sich Leidenschaft durch Leidenschaft im Flug.
Das Feuer schürt den Wind und löscht das Feuer wieder,
So kämpfet Leidenschaft die Leidenschaft darnieder.
Wie still die Lampe brennt am wohlbeschirmten Ort,
So ein beruhigt Herz in Andacht fort und fort.

Dieses Zur-Ruhe-kommen des Weltmenschen, damit der Gottmensch in ihm offenbar werden kann, wird der *mystische Tod* genannt, durch welchen das Selbstbewusstsein des Gottmenschen in ihm zum Erwachen und zur Auferstehung gelangt. Der Stein, der auf seinem Grabe liegt, ist der Egoismus, dieser muss vom Eingange weggerollt werden, damit der Mensch in die wahre Freiheit von seinem täuschenden *Ich* gelangen kann.

Diese Lehre ist in der christlichen Religion sinnbildlich durch die Kreuzigung dargestellt, wenn auch der Sinn dieser Darstellung nicht allgemein bekannt ist. In jedem Menschen ist ein Gott (Atma-Buddhi-Manas) an die niederen Prinzipien, Kama-Manas, usw., gebunden und in ihnen gekreuzigt, und wartet auf dessen mystischen Tod, um in ihm seine Auferstehung zu feiern.[1)] Die drei höchsten Prinzipien gehören dem Himmel, dem Gottmenschen, die vier niederen den irdischen Persönlichkeiten, der Erde an. Was von dem Geiste (Manas) des Menschen sich mit dem Göttlichen (Atma-Buddhi) vereinigt, ist unsterblich, alles andere bleibt auf der Erde zurück. Man braucht aber nicht erst den Tod des leiblichen Körpers abzuwarten, um diese Vereinigung und durch sie das Bewusstsein der Unsterblichkeit zu erlangen.

---

1) Damit ist aber die symbolische Bedeutung des Kreuzes noch nicht erschöpft. Siehe Hartmann, „Die weiße und schwarze Magie".

Unsterblichkeit ist nicht der Zukunft aufgespart,
Unsterblichkeit ist im Gefühl der Gegenwart.
(Rückert.)

Wer nun weiß, um was es sich in der Yoga-Lehre handelt, der wird einsehen, dass diese Vereinigung mit dem Höchsten, dem göttlichen Selbstbewusstsein und dem göttlichen Sein das Höchste ist, was der Mensch erstreben und er, oder vielmehr der Gott (Übermensch) in ihm erringen kann, und dass im Vergleich mit diesem Erlangen der selbstbewussten Unsterblichkeit alles Jagen nach Lustbarkeiten, Vergnügungen, Reichtum und Vielwisserei, alles eitler Tand und wertlos ist. Zu dieser Vereinigung gehört aber keine fromme Kopfhängerei, Kriecherei und Schleicherei, keine Bigotterie und Muckertum, keine äußerliche Askese und Selbstquälerei. Alle diese Dinge entspringen der Selbstsucht, welche der Feind der Selbstlosigkeit ist; es wird durch sie nur der Egoismus gestärkt. Es gehört nichts dazu, als ein reines Herz. Hat der Mensch dies, so braucht er in diesem großen Werke gar nichts selber zu tun; denn wenn das Herz von der Selbstsucht frei ist, so wird es von Gott selbst mit der göttlichen Idee erfüllt, aus welcher die wahre Erkenntnis entspringt.

Deshalb sagt auch Meister Eckhart:

Von Selbstsucht leer sein ist Gottes voll sein. Wo die Seele von aller Selbstsucht und allem, was aus dieser entspringt, frei ist, da geht Gott, der die Liebe selbst ist, in seiner ganzen Fülle in sie ein.

Es handelt sich dabei nicht darum, dass der Mensch persönlich etwas liebe oder nicht liebe; denn alle persönlichen Neigungen oder Abneigungen, Wollen oder Nichtwollen, Tun oder Unterlassen, entspringen dem Egoismus des vergänglichen Selbsts. Ist aber die Seele rein und mit der göttlichen Liebe erfüllt, welche nicht „göttlich" sein könnte, wenn sie nicht allgemein wäre, so äußert sich diese Liebe von selbst in dem ganzen Wollen und Denken und Handeln des Menschen. Durch diese Liebe und ihre Tätigkeit wird die Menschheit im Menschen erweckt, und wenn er durch diese selbstlose Liebe zur Menschheit ein wahrer Mensch geworden ist und sich als solcher erkennt, dann kann auch die Gotteserkenntnis in ihm offenbar werden.

Was aber diese Liebe sei, das hat schon Empedokles gesagt:
Schau diese Lieb' im Geist! Nicht steh' nur und staun' mit den Augen;
Schau, wie sie allem, was lebt, als Eingeborne inn'wohnt!
Frohsinn heißt sie darum auch mit Namen und Aphrodite.

Dass sie es ist, die im All umschwingend alles belebt,
Lehrte kein Sterblicher noch.

Niemand kann den Menschen erkennen machen, was Liebe ist, wenn er sie nicht schon besitzt; alle mystischen Kräfte lehren sich selbst dadurch, dass sie im Menschen erwachen.

Die Ausübung der Yoga erfordert deshalb gar keine selbstsüchtigen Bestrebungen nach oben, um das Gute zu erhaschen; denn das Gute kommt von selbst, sobald ihm die Türe geöffnet wird. Es erfordert nur die Ergebung; dagegen verlangt es eine fortgesetzte Wachsamkeit gegen die von unten kommenden Einflüsse, einen fortwährenden Kampf gegen das Böse, in welchem aber auch wieder nicht der Egoismus des Menschen, sondern dessen höheres Selbstbewusstsein der Kämpfer und Sieger ist. Durch dieses bildet der Mensch einen magischen Kreis um sich, in welchen kein „böser Geist", sondern nur Gott eindringen kann.

Die wahre Freiheit des Menschen besteht darin, dass er frei wird, von allem, was nicht sein wahres, unsterbliches, unbeschränktes Selbst ist. Yoga ist der Weg zu dieser Freiheit.

Wenn dein Geist die verworrenen Pfade der Welt und der Täuschung durchschritten haben wird, so wirst du dich nicht mehr um das bekümmern, was zu sein scheint, aber trügerisch ist. Wenn dein Geist, nachdem er durch das, was du von anderen gehört und gelesen hast, vom Wege der Wahrheit abgezogen war, in der eigenen Erkenntnis Festigkeit erlangt hat, dann wirst du Yoga erreichen." (Bhagavad Gita II, 52.)

Dass aber unter diesem Sichnichtbekümmern um das Vergängliche und den Schein, und unter dieser Ausbreitung des Selbstbewusstseins der Seele, worauf die eigene Erkenntnis beruht, nicht das, was man „Quietismus" nennt, zu verstehen ist, braucht kaum erwähnt zu werden, denn auch die Bhagavad Gita sagt:

Gib dich nicht dem Müßiggang hin. Wer nichts beginnt, kann nicht in den Zustand der ewigen Ruhe gelangen; er kann nicht durch Nichtstun die Vollkommenheit erreichen. Tue, was deine Pflicht ist, denn Tätigkeit ist besser als Untätigkeit. (Bhagavad Gita III, 4.)

Die „persönliche Untätigkeit" besteht vielmehr darin, dass der Mensch nichts mehr aus persönlichem Selbstinteresse, sondern alles aus Liebe zur Menschheit und Gottheit, in der Erkenntnis der Wahrheit und als ein Werkzeug der göttlichen Weisheit tut. Wer dies erlangt hat, der ist wie eine Sonne, die alles Leben auf Erden schafft und mit ihren Strahlen überall tätig ist, ohne deshalb vom Firmamente herabzusteigen und sich von der Erde bewegen oder hinreißen zu lassen, denn dann verschlänge die Erde die Sonne und es gäbe keine Sonne mehr. Der zum geistigen Selbstbewusstsein erwachte Mensch ist überall, denn der Geist des Menschen ist nicht in den Körper eingesperrt, und wenn derselbe selbstbewusst geworden ist, so ist auch der geistig selbstbewusste Mensch überall, wo auch seine sterbliche Maske verweilen mag. Er kann überall wirken, geht aber deshalb doch nicht selbst aus der Ruhe seines inneren Selbstbewusstseins heraus.

Alles dies wird aber von denen, in welchen nur der Geist der Erde (Kama), nicht aber der göttliche Geist (Buddhi) in Tätigkeit ist, nicht begriffen und nicht verstanden, und gerade deshalb ist diese Lehre „geheim“ und wird ewig geheim bleiben für alle geistig Toten und für alle, die noch im Schlafe befangen sind.

Diese Lehre ist nicht für jene bestimmt, welche keine Selbstbeherrschung üben, mich nicht verehren und meine Stimme nicht mehr hören wollen. Auch ist sie nicht für die Starrsinnigen und Lästerer. Dir aber, der du nicht vom Geiste des Widerspruchs befangen bist, will ich diese hohe Wissenschaft lehren. (Bhagavad Gita VIII, 67; IX, 1).

Yoga ist das höchste Wissen, Yoga ist die Freiheit, die höchste Religion; es ist aber auch das Endziel aller Evolution und der Gipfelpunkt aller Kultur; denn Yoga ist der Sieg über alles, was feindlich ist, und der Mensch als Einzelner, wie auch die Menschheit als Ganzes hat in Wirklichkeit keinen anderen Feind als sich selbst.

Der Weg zum Christus

Die erste Bedingung zur Erlangung der Gotteserkenntnis ist der Besitz der Fähigkeit, in sich selbst das Wahre und Unvergängliche vom scheinbaren und vergänglichen Selbst unterscheiden zu können.
(Sankaradharya „Tatwa Bodha")

Der Weg zu Christus ist Yoga; d. h. die Vereinigung mit dem göttlichen Selbst. Dieses eigene göttliche Selbst ist aber nicht ein dem Menschen fremdes oder unnahbares Ding, oder eine Person, die früher einmal gelebt hat und jetzt tot ist, auch ist es nicht etwas von dem göttlichen Geiste anderer Menschen Verschiedenes oder Beschränktes; sondern es ist der Eine Gott im Weltall, der durch keine Form beschränkt oder gebunden, sondern allgegenwärtig ist, und erst dann wirklich erkannt wird, wenn der Mensch seine eigene geistige Allgegenwart und göttliche Freiheit erkennt. Diese göttliche Selbsterkenntnis ist deshalb das Mittel zur Erlösung der Menschen aus den Banden des Irrtums, der Verkehrtheit und Unwissenheit. Eckhart sagt:

Der Mensch soll sich nicht von Gott getrennt glauben, er soll Gott nicht fürchten; das allein ist die rechte Furcht Gottes, wenn man fürchtet, Gott zu verlieren. Hindert dich deine Sünde, dich Gott nahe zu glauben, so sollst du doch glauben, dass dir Gott nahe ist, denn großer Schaden liegt darin, dass der Mensch sich Gott in die Ferne rückt. Der Mensch entferne sich von Gott oder nähere sich ihm, so entfernt doch Gott sich nimmer, er bleibt immer in der Nähe stehen, und kann er nicht in deinem Innern bleiben, so ist er doch nicht weiter von dir fort, als vor der Türe. Was Gott vom Menschen trennt, das ist nur das Äußerliche, Unwesentliche, im Wesen ist er schon mit Gott eins. Es handelt sich dabei nicht darum, sich etwas Neues, vorher nicht Vorhandenes anzueignen, sondern bloß um die Überwindung der Täuschung, welche uns glauben macht, dass wir etwas dem wahren Wesen nach von Gott Verschiedenes seien. Wenn wir unser eigenes falsches Selbst überwinden, dann kommt die Erkenntnis des wahren tiefinnersten Wesens von selbst, und wir sehen dann, was wir eigentlich immer und ewig selbst waren und bleiben sollen. Das ist die wahre Freiheit, dass wir von nichts abhängig und so frei und unbehaftet mit anderem seien, als wir es in unserem ersten Ausfließen aus der einen Urquelle aller Dinge waren. Alles, was geschaffen ist, ist nicht frei. Solange etwas über mir ist, was nicht Gott selber ist, so drückt es auf mir, wie klein es auch sei, oder wie beschaffen, und wäre es auch Vernunft und Liebe, insofern sie geschaffen und nicht Gott selber sind; es drückt auf mir, denn es ist unfrei.[1)]

Diese göttliche Freiheit, welche nur durch die eigene göttliche Selbsterkenntnis (Theosophie) erlangt werden kann, ist es, nach der, ganz abgesehen von allen kirchlichen Meinungen und religiösen Bekenntnissen, denen der äußere Mensch anhängt, die Seele eines jeden ihm bewusst oder unbewusst strebt.

Die Seele ruht nicht, bis sie alles durchbricht, was nicht Gott ist, und in die göttliche Freiheit kommt. Das Ding ist frei, das von nichts abhängt und dem auch nichts anhängt. Die Seele ist vollkommen frei, die über alles hinausgekommen ist, was nicht Gott ist, die weder an der Kreatur noch an sich selber hängt. Die Seele soll auch von keinem äußeren Gott (Christus) abhängig sein, sondern sich selbst als Gott in Gott erkennen. Wir sollen von Gott nichts begehren als von einem Fremden. Wer von einem andern begehrt, ist ein Knecht, wer da spendet, ist Herr. Ich will mich sehr wohl beraten, ob ich von Gott etwas annehmen oder begehren wollte, denn wenn ich von ihm etwas annähme, so stünde ich darin unter Gott, wie ein Knecht unter seinem Herrn, und so wollen wir doch nicht sein im ewigen Leben, denn das ist der Sinn der Offenbarung Christi, dass wir alle eben derselbe (eine) Sohn Gottes sind. Gott ist mein Grund, und mein Grund ist Gottes Grund. Was mein ist, das habe ich von niemandem. Habe ich es von einem anderen, so ist es nicht mein, sondern dessen, von dem ich es habe. Zwischen Ungleichen kann niemals Liebe auf dem Fuße der Gleichheit walten, sie bleiben sich ewig fern und ungleich. Darum sollen wir schaffen, dass wir Gott nicht zu bitten brauchen, dass er uns seine Gnade und göttliche Güte gebe, sondern wir sollen schaffen, dass wir sie selber annehmen und ihn nicht darum fragen.[2)]

Diese Selbsterkenntnis und vollkommene Freiheit gehört aber nicht dem irdischen Menschen, dem Sohne des Erdgeistes zu, der in dem Wahne seines Eigendünkels lebt, und dessen Blick sich nicht über die

---

1) Vergl. Eckhart, 287, 7 – 561, 23 – 252, 8 – 260, 17.

2) Eckhart, 379, 3 – 205, 33 – 233, 36 – 362, 22 – 66, 2 – 209, 26 – 266, 5 – 614, 35.

durch diesen Selbstwahn gezogene Schranke erstreckt, sondern sie gehört dem Gottmenschen an; der in der Seele des Menschen zum Selbstbewusstsein erwacht und dadurch ins menschliche Dasein geboren wird. Ein an Größenwahn leidender Mensch mag sich vielleicht einbilden, Christus zu sein; aber nur Gott im Menschen kann sich in ihm in der Wahrheit als den Gottmenschen erkennen. Der menschliche Eigendünkel nützt dabei nichts, sondern steht hindernd im Wege.

Darum besteht die Einheit mit Gott darin, dass Gott (die Wahrheitserkenntnis) allezeit im Menschen geboren wird, d. h. dass Gottes Ebenbild sich in ihm offenbart. Der Mensch der Erde ist kein direkter Sohn Gottes; er ist nur der „Stall", in welchem der Sohn Gottes geboren wird. In dieser Geburt bin ich Eins mit Gott; da kann er mich nicht ausschließen; da empfängt der heilige Geist (die Selbsterkenntnis) sein Wesen, sein Wirken und Werden von mir wie von Gott. Da hört der Mensch als Sonderwesen und formbeschränkte Persönlichkeit gänzlich zu existieren auf, und es ist alles in allem geworden. Wenn alle Unvollkommenheit und Endlichkeit hinausgetrieben worden ist, und damit auch alle Unterscheidung zwischen diesem und jenem, so werden wir Gott gleich; wir werden alles in allem, wie Gott alles in allem ist.[1)]

Es kommt kein Mensch in seiner Selbstheit zu Christus, und deshalb gibt es auch keinen Weg, auf dem der vom Wahne des Egoismus besessene Mensch zum Gottmenschen gelangen kann; wohl aber kommt Christus im Menschen zu sich selbst, wenn der Mensch den Wahn des „Selbsts" überwunden hat, und dann hat er auch nicht nur den Weg zu Christus gefunden, sondern ist schon bei ihm.

Ist die Abgeschiedenheit vom sinnlichen und von allen eigenen Vorstellungen eine vollkommene, und die ganze Individualität dahingegeben, so kehrt Gott (die Gotteserkenntnis) in den Menschen ein; nicht teilweise, sondern in seiner ganzen Fülle (Allselbstbewusstsein). Wo ich Christi Leben mehr habe als mein eigenes Leben, da habe ich Christus (die Gottheit in der Menschheit) mehr als mich selber; da höre ich auf „Ich" zu sein und werde in Gott verwandelt. Wenn ich im wahren Wesen so vergangen bin, dass ich in mir und in allen Dingen nichts mehr erblicke, als das eine allumfassende und unvergängliche Wesen, so hat

1) Eckhart, 198, 12 – 55, 44 – 14, 12.

meine (persönliche) Seele ihren Namen verloren, und da bleibt nichts mehr übrig als das reine Wesen, das im Vater (der Gottheit) ewiglich den Sohn (die Erkenntnis) geboren hat, und so bin ich dann als ein neuer Mensch in dem Wesen geboren, und wirke alle meine Werke über meiner irdischen Natur in göttlicher Natur. So werde ich mit Christo ein Leib und mit Gott ein Geist; ich bin mit allen meinen Kräften in das ungeschaffene Gute erhoben und ziehe alle Dinge nach mir in das absolute Einfache. Da verstehe ich mich nicht als diese oder jene Persönlichkeit, sondern über alles beschränkte Dasein erhaben, als den einen Sohn Gottes, und so wird das ewige Wort ohne Unterlass in mir geboren.[1)]

Gottes Leben ist mein Leben; seine Substanz ist die meinige. Es heißt dies nicht Gott werden, sondern Gott sein. In dem ewigen unwandelbaren Sein ist kein „Ich und Du", sondern nichts als Gott in Gott. Darum ist die Seele nicht Gott „gleich" oder „ähnlich", sondern sie ist ganz und gar eins mit ihm und eben dasselbe, was er ist.

Die Seele geht auf in Gott und Gott geht in der Seele auf; es ist da ein völliges Aufgehen von dem einen in dem anderen. Seine Seligkeit schöpft der Mensch da, wo Gott sie schöpft; er hat ein und dasselbe Wesen, Wissen, Wirken und Erkennen wie Gott. Dieses Durchbrechen der Schranken des Selbsts und der Endlichkeit ist viel herrlicher als das ursprüngliche Hervorgehen aus Gott. In diesem verhalte ich mich als Kreatur, aber in jenem Durchbrechen bin ich über mich selber und alle anderen Kreaturen erhaben, weder Gott noch Kreatur; ich bin das, was ich immer war und was ich jetzt und immerdar sein soll. Da nehme ich weder zu noch ab, sondern bin die eine unbewegliche Ursache, welche alle Dinge bewegt.[2)]

Diese Lehre beruht nicht wie die menschliche Wissenschaft auf bloßen Theorien, äußerlichen Beobachtungen, Schlussfolgerungen, Mutmaßungen, logischen Gründen, Mitteilungen von Meinungen und dgl., sondern auf der eigenen Erfahrung derjenigen, welche zu diesem Grade der Wahrheitserkenntnis gekommen sind; deshalb liegt ihr auch nicht der Schein und die Wahrscheinlichkeit, sondern die Gottesweisheit (Selbstbewusstsein) zugrunde.

---

1) 592, 11 – 584, 4-19.

2) 439,11 – 204,20 – 227,34 – 198,2 – 40,8, 34 – 241,11.

Gott (das Selbstbewusstsein Gottes) selber redet in den Propheten zu uns. Die heiligen Schriftsteller sind von dem Heilige Geist (der göttlichen Selbsterkenntnis) der Wahrheit erfüllt und erleuchtet, dass sie uns dajenige, was sie selber geistig erkannt haben, beschreiben, aber man muss in diesen Beschreibungen erst selbst die innere Wahrheit entdecken und den tieferen Sinn finden. Die heiligen Schriften aller Völker sind in Sinnbildern und Allegorien abgefasst; weil man abstrakte Ideen nur dadurch sinnlich darstellen kann, dass man sie in eine passende Form kleidet; allein es gehört Wahrheitsgefühl und Erkenntnisfähigkeit dazu, um nicht bloß das äußerliche Gewand, sondern die darin enthaltene Wahrheit zu empfinden und zu erkennen.

Niemand ist so einfältig, dass er in den Schriften der Weisen nicht etwas fände, was seinem eigenen Wahrheitsgefühle entspricht, sobald er nur danach sucht, und niemand so aufgeklärt, dass er, wenn er diese Schriften ergründen will, nicht noch immer tiefere Reichtümer fände. Wer aber selber Falsches in dieselben hineinlegt und es dann kritisiert, der kritisiert auch nichts anderes als sich selbst. Alles in den heiligen Schriften (Bibel, Vedas, Upanischaden usw.) trägt einen verborgenen Sinn in sich; all unser menschlich-irdisches Verständnis reicht aber nicht an die Wahrheit der Sache. Nur in wessen Herzen der Geist aus Gott (die Selbsterkenntnis), der Geist der Liebe (zum göttlichen Selbst) mächtig geworden ist, kann die Schrift richtig verstehen und erfüllen.

Es handelt sich dabei nicht um ein willkürliches Auslegen dieser Gleichnisse, sondern um die richtige Anschauung der darin enthaltenen Wahrheit. Jedes dieser religiösen Gleichnisse, welche sich auf Dinge beziehen, die dem irdischen Verstände nicht begreiflich gemacht werden können, weil sie jenseits der durch seine Selbstheit gezogenen Schranke liegen und er sie deshalb nicht begreifen kann, hat eine äußerliche (exoterische), eine innere (esoterische) und eine geistige Bedeutung, welche nicht in Worten ausgedrückt, sondern nur geistig erfasst werden kann. Jeder kann sich allerdings dabei einbilden, was er will, er kann aber in Wirklichkeit nur dasjenige darin sehen, was zu seiner wirklichen Anschauung gelangt, je nach dem Standpunkte, den er fähig ist, einzunehmen.

Der oberflächliche Denker sieht darin nur den äußeren oberflächlichen Sinn, der tief fühlende und hochdenkende den Grund der darin verborgenen Geheimnisse. Deshalb sagt Eckhart:

Die Wahrheitserkenntnis ist wie ein Meer; dem einen reicht es bloß bis an die Knöchel, dem andern bis an die Knie, dem dritten an den Gürtel, und dem vierten gebt es über das Haupt, sodass er ganz und gar darin versinkt. Kinder lacht die Weisheit lockend an; die Selbstklugen lachen darüber, und am Ende spottet sie selbst der Gelehrten. In Worten lässt sich Gottes Wesen nicht ausdrücken oder beschreiben; in uns selber sollen wir sein Wesen erkennen, und zu diesem Zwecke müssen wir allem (auch dem Bücher- und Autoritätsglauben) entwachsen, was nicht Gott selber ist.[1)]

Viele bilden sich ein, dass damit schon alles erlangt sei, wenn man wisse, was in der Bibel und dergl. enthalten sei, und sie verwechseln dabei das Mittel mit dem Zwecke. Das Wissen macht aber noch nicht selig, sondern nur der Besitz, und ebenso wenig als um die Befriedigung der wissenschaftlichen Neugierde handelt es sich dabei um Visionen, Träume, Wahnvorstellungen oder Schwärmereien irgendwelcher Art, sondern um die Verwirklichung des Idealen in sich selbst.

Solche Offenbarungen sind verwerflich, weil es ein Schauen sinnlicher (wenn auch innerlicher) Gestaltungen ist. Das Schwelgen in Visionen ist noch ein Zeichen der Gottentfremdung, die Aufregung des Gefühls beweist noch die Macht des Sinnlichen im Menschen. Solche vermeintliche Offenbarungen entspringen dem Gemüte des Menschen selbst, welches sich seine inneren Vorgänge in objektiven Bildern vorstellig macht. Wenn aber Gott (das wahre Selbstbewusstsein) die Seele ergriffen hat, sodass sie von aller Sinnlichkeit bloß und ledig steht, so hat sie kein anderes Objekt, als ihre eigene Vernunft, welche durchaus ihr eigenes Wesen geworden ist. Da wird das Erkennende und das Erkannte Eins in der Erkenntnis; die Seele schöpft aus ihrem eigenen Lichte, was sie begehrt, und weil sie vermöge der Herrlichkeit der zu ihrem Wesen gewordenen Vernunft von den in sie eindringenden göttlichen Strahlen umfangen ist, schöpft sie aus sich selber die ewige Wahrheit. Da versteht die Seele (geistig, ohne intellektuelle Auseinandersetzung) in dem Absoluten direkt zu schauen und zu begreifen. Jenen sinnlichen oder inner sinnlichen Offenbarungen ist deshalb nicht weiter eine Wichtigkeit beizumessen, als insofern sie diesem Wesen der Seele entsprechen und durch dieselbe ihre Bestätigung erhalten.[2)]

---

1) 331,16 – 317,28.

Weder durch das Selbstwissen, noch durch das Selbstwollen, noch durch die Werke, welche der Mensch in seiner Selbstheit oder seinem Egoismus vollbringt, wenn dieselben auch relativ noch so gut sind, wird diese Gotteserkenntnis erlangt. Das „Selbst“ ist selbst nichts als eine Täuschung, ein Schein, und alles, was aus ihm entspringt, kann nichts anderes als ein Schein, eine Selbsttäuschung sein. Nicht dass die menschlichen Tugenden, Elternliebe, Vaterlandsliebe usw. verächtlich wären, sondern sie werden mit Recht von den Dichtern und Weisen als das für den Menschen höchste Erreichbare gepriesen; aber dort, wo der Mensch aufhört, fängt Gott an, und in Gott hat alles, was nicht aus Gott entspringt und nicht Gott ist, keinen Wert. Gott verlangt nicht ein bloß teilweises Opfer, sondern das Opfer des ganzen eigenen Selbsts, mit anderen Worten, das Aufgehen alles Gebundenseins ist zur Erlangung der vollkommenen Freiheit nötig.

Willst du derselbe Sohn sein, den der Vater gebiert, so entledige dich alles dessen, was das ewige Wort nicht an sich genommen hat. Zwischen deiner menschlichen Natur und der seinigen ist kein Unterschied; sie ist eins, und was sie in Christus (im Gottmenschen) ist, das ist sie auch (als Gottmensch) in dir. Soll der Mensch Gott erkennen, so muss er sich selber mit allen seinen Werken vergessen und verlieren, denn indem die Seele sich selber als etwas besonderes und von Gott getrenntes sieht und erkennt, sieht und erkennt sie Gott (ihr eigenes grenzenloses Wesen) nicht, wenn sie sich aber um Gottes (des göttlichen Seins) willen verliert, und alle Dinge verlässt, so findet sie sich in Gott (im Ganzen) wieder, indem sie Gott erkennt, und dann erkennt sie sich selber und alle Dinge, von denen sie sich entledigt hat, auf vollkommene Weise.[3)]

Könntest du dich selber in deiner Eigenschaft auf einen Augenblick vernichten, so würde dir alles eigen, was Gott an sich selber ist. Solange du dich aber selber für etwas besonderes achtest, weißt du ebenso wenig, was Gott ist, als mein Mund weiß, was Farbe, oder mein Ohr, was Geschmack ist. Gefällt die Seele sich selber, insofern sie etwas eigenes ist, und hat sie in der Empfindung Gottes noch die Empfindung des Selbstseins, so ist sie auf falschem Wege. Du sollst ganz und gar deiner Deinheit entsinken und zerfließen in seine Seinheit; dein „Du“ soll mit seinem

---

2) 381,7 – 240,19 – 655,36 – 634,3.

3) 56,4 – 157 – 620,33 – 222,37.

„Ich" so gänzlich ein Selbst werden, dass du mit ihm ewiglich seine ungewordene Substanz und sein namenloses Nichts verstehst. Wer Gott empfangen soll, der muss sich gänzlich dahingehen und sich seiner Selbst (und damit auch der Frucht seiner Werke auf Erden und im Himmel) entledigt haben.[1)]

Alle guten Werke, wie die Zeit, in der sie geschehen, vergehen an sich wirkungslos. Keinem menschlichen Werke kommt die Bezeichnung „heilig" oder „selig" zu; böse und gute Werke gehen gleich wirkungslos an uns (dem wahren göttlichen Selbst) vorüber. Ein Werk als solches ist nichts; es ist nicht um seiner selbst willen, es weiß auch nichts von sich selbst. Sobald eine Handlung geschehen ist, ist sie zunichte und vorüber wie die Zeit, in der sie geschehen ist; sie ist weder hier noch da; der Geist hat mit ihr nichts mehr zu tun. Aber durch die Tat macht sich der Geist von einer Vorstellung frei, deren Erfüllung ihn erfüllt hat, und diese Befreiung bringt ihn dann seinem wahren Wesen näher. Er wird dadurch seliger und besser. Die Äußerung des Geistes in guten Handlungen hat somit eine wirklich veredelnde Kraft, die im Geiste ewig fortwirkt (zu seiner Natur wird). Nur damit der Mensch vor Selbstentfremdung von allem Ungöttlichen bewahrt bleibe, sind jene äußeren Übungen erfunden worden, als Beten, Singen, Bußübungen usw., und solange er sich noch schwach und Gott entfremdet fühlt, sind ihm jene Übungen nützlich. Sobald er aber wahre Andacht in sich wahrnimmt, so lasse er kühnlich ab von allen äußerlichen Wesen.[2)]

Es gibt für den Menschen kein „Jenseits von Gut und Böse"; denn jenes Jenseits ist Gott Will der Mensch in jenes Jenseits eintreten, so muss er aus seiner Selbstheit herausgehen, aufhören ein Mensch zu sein und mit seiner Menschheit in die Gottheit eingehen. Gott kennt nichts anderes, als sich selbst; er handelt nicht aus eigennützigen Absichten; er ist die ewige Ruhe selbst.

Der Mensch kann Gott nichts Lieberes bieten als die innerliche Ruhe; dein Wachen, Beten und Fasten achtet Gott für nichts gegen diese Ruhe. Er bedarf nichts, als dass man ihm ein ruhig Herz gebe; dann übt er solche Wirkungen in der Seele, dass keine Kreatur da heranreichen oder einen Einblick gewinnen kann. Die innerliche Ruhe macht uns Gott

1) 261,15 – 89,32 – 136,40.

2) 71 – 74 – 22,18.

ähnlich, dessen Ruhe durch sein ewiges Wirken nicht gestört wird (wie ja auch die Sonne nicht dadurch gestört wird, dass ihre Strahlen auf der Erde tätig sind). Jene Ruhe ist ohne Hindernis und ohne Gegensatz, die doch vom Wirken unabtrennbar sind. Sie allein wird um ihrer selbst willen begehrt; das Wirken dient nur als Mittel zum Zweck. Jene richtet unseren Sinn auf das Göttliche, dieses haftet an den uns eigentümlichen Kräften, welche wir mit den Tieren gemeinsam besitzen, nämlich die Kräfte der Sinnlichkeit. Genügt sich die Seele in äußeren Tugendwerken, so ist sie noch nicht gleich einer freien Tochter, sondern gleich einer dienstbaren Magd.[1)]

Alle Werke, die nicht aus deinem tiefsten Innern, wo Gott wohnt, stammen, und zu denen du durch äußere Ursachen veranlasst wirst, sind vor Gott tote Werke; denn nur dasjenige Ding lebt in Wirklichkeit, welches die Ursache seiner Bewegung in sich selbst hat. Das Werk der Kreatur ist endlich und fällt in die Zeit. Darum sind diese Werke zu klein und wertlos, als dass sie Gott irgendwie gefallen könnten. Nur diejenigen Werke, welche Gott in uns wirkt, ohne unser (selbstsüchtiges) Zutun, wobei die Seele nur passiv ist (wenn auch der Körper tätig ist), und nur Gott allein wirkt, die muss Gott sich selber lohnen, weil sie rein von Selbstsucht und unendlich sind. Gott verlangt gar keine eigenen Werke von uns; er wirkt in unserer Seele das Werk der Gnade, und die Werke, welche wir ausführen, sind dann die einfache Folge der Beschaffenheit, in die unsere Seele gesetzt ist. Gehe deshalb in deinen eigenen Grund, wo du in deiner Selbstheit zu nichts wirst; die Werke, welche du dort wirkst, d. h. welche Gott in dir wirkt, sind alle lebendig.[2)]

Nicht diese Lehre, sondern das Missverständnis derselben öffnet der falschen Selbsterniedrigung, der pfäffischen Kriecherei und Schleicherei, dem Muckertum, der Augenverdreherei, Heuchelei, dem Müßiggang und dem Selbstbetrug das Tor. Nicht das Selbstbewusstsein der echten Menschenwürde soll unterdrückt, sondern vielmehr durch das Gottesgefühl gehoben werden. Nicht im blinden Vertrauen auf die Einmischung eines fremden Gottes soll der Mensch sich dem Müßiggang und der Unterlassung des Guten widmen, sondern er soll sein täuschendes Selbstvergessen und sein wahres Selbst so in sich selbst zu seinem Be-

1) 153,11 – 353,3.

2) 158,83 – 480,1 – 633,18 – 189,26.

wusstsein gelangen lassen, dass dieses Selbst, das Gute, ihn gänzlich erfüllt und er nur in dessen Sinne will, denkt und wirkt. Das wahre Wesen des Menschen ist Gott.

Wäre Gott der Seele fremd, so wäre er ihr nicht zugänglich. Was ich (als Mensch) erkenne, das erkenne ich durch Bilder in vermittelter Weise. Gott wird unmittelbar durch sich selber erkannt. Dadurch erkenne ich ihn und darum muss Gott zu meinem „Ich" das „Du" und ich zu Gottes „Ich" das „Du" sein. Wo Gott ist, da ist auch die Seele, und wo die Seele ist, da ist Gott. Mit anderen Worten, sobald Gott ist, schaut er in sich das ewige Bild der Seele. Gott ist reines Selbstbewußtsein, er ist das Vorbild der Seele. Er ist der Seele Form und die Seele der Seelen. Die Idee der Menschheit stand ewig vor Gottes Thron; diese Idee ist Christus, der Sohn Gottes. Die Seele hält alle Kreaturen in sich; Gott kann sich nicht selbst verstehen ohne die Seele (das Wesen). In ihrem reinen unzeitlichen, unräumlichen, naturfreien Wesen ist die Seele wie Gott, sie hat von ihm keinen Unterschied, als dass sie geschaffen und nicht ihre eigene Ursache ist. Könnte die Seele ihr Geboren- und Geschaffensein gänzlich ablegen, so wäre sie ganz dasselbe wie der Sohn Gottes. Was die Seele hat, das trägt sie zu Lehen, ihr ist nichts eigen, sondern alles ist ihr gegeben. Was die Seele ist, das hat sie von Gott und sie ist von ihm so ausgeflossen, dass sie nicht im Wesen geblieben ist, sondern ein fremdes Wesen empfangen hat, das seinen Ursprung aus dem göttlichen Wesen genommen hat. Darum kann sie nicht wirken wie Gott, der alles bewegt im Himmel und auf Erden und allen Dingen ihr Leben gibt, sondern sie verleiht nur dem Leibe Bewegung und Leben.[1)]

Ohne äußerlich zu wirken und im Guten tätig zu sein, kommt niemand zu Gott (zur Selbsterkenntnis). Wir sind gerade dazu in die Zeit gesetzt, damit wir durch zeitliches vernünftiges Tun Gott näher und ähnlicher werden. Dazu gehört, dass man ohne Unterlaß seine Vernunft in Gott erhebe, nicht in der Form unterschiedlicher endlicher Vorstellungen, sondern in der Form der reinen Wahrheit, als des höchsten, beständig vor Augen zu haltenden Ideals. Wer in diesem Sinne Werke vollbringt, der erhebt sich frei, von allem Vermittelndem entledigt, in Gott, das Licht, das ihm leuchtet, und sein Tun ist durchaus eins und dasselbe. Soll das innere Werk sich vollziehen, so muss der Mensch alle seine Kräfte in sich

1) 139,40 – 267,11 – 658,21 – 582,30 – 581,23 – 671,35 – 511,29 – 349,18.

sammeln, wie in einem Winkel seiner Seele; er muss sich vor allen besonderen Vorstellungen und Gestalten verschließen und zu einem Vergessen und Nichtwissen von allem, was nicht Gott ist, gelangen. In der Stille (des Herzens) und im Schweigen (der Begierden) muss es geschehen, wenn das Wort Gottes in ihm geboren werden soll1.[1)]

Gerade wie ein Stein, wenn er auch tausend Jahre stillläge, beständig ein Streben nach unten hat, so ist das innere Werk ein selbstloses Wollen und Streben nach dem höchsten Guten; ein Fliehen und Widerstreben von allem, was böse und übel, der Güte unähnlich ist, und je böser und Gott unähnlicher das Werk, desto größer der Abscheu, und je schwerer und Gott ähnlicher das Werk, um so leichter, lieber und vollkommener ist es (weil es nicht um seiner selbst willen, sondern um des Guten, der Liebs willen geschieht). Um das äußere Werk ist es nicht so, sondern es empfängt seine göttliche Güte in dem inneren Werke; aber wie es entäußert und seinem Wesen entfremdet ist, wird es zu einer niederen Erscheinungsform der Gottheit, die in Unterschied, Vielheit und Teilen wie in einer dichten Hülle verborgen ist.

Das äußere Werk, welches Zeit und Raum umschließt, hat kein Ansehen vor Gott; es ist beschränkt und man kann es hindern; es wird alt und müde durch Zeit und Wiederholung; das innere Werk kann niemand hindern, ebenso wenig als jemand Gott hindern kann. Dieses innere Werk ist Gott (das Wesen von allem) lieben, d. h. das Gute und die Güte an sich selbst wollen.

Dieses Werk strahlt bei Tag und Nacht; es rühmt und preist Gott (sich selbst) in immer neuen Weisen und tritt in allen äußeren Handlungen zu Tage. Darum kann auch das äußere Werk nimmer gering sein, wenn das innere groß (selbstlos) ist; noch kann es groß oder gut sein, wenn das innere gering oder nicht vorhanden ist. Wer das innere Werk allzeit in sich umschlossen hat, in ihm will, denkt und handelt, empfindet und freut sich Gott, denn all seine Größe, Weite und Länge schöpft das innere Werk nirgends als von Gott und in Gottes Herzen.[2)]

Was könnte es wohl anderes geben, um den Menschen mit Gott zu verbinden (religere), als die Empfindung, das Selbstbewusstsein der Gegenwart Gottes im Herzen, aus welcher die göttliche Selbsterkenntnis

1) 49,19 – 14.31.

2) 431,1 – 435,22.

entspringt? Das bloße theoretische Wissen ist noch keine Erkenntnis, das bloße Anhängen an religiösen Meinungen, Theorien, Dogmen und Glaubensartikel verleiht noch keine Unsterblichkeit. Damit ist mir noch nichts gedient, dass ich eine Erzählung für wahr halte, der zufolge ein Gott für die Menschen gestorben sein soll, solange ich den in mir gekreuzigten Gottmenschen nicht kenne und den Sinn dieses Bildes nicht fassen kann. Es kann kein anderes Mittel geben, um zur Selbsterkenntnis Gottes zu kommen, als dass der Mensch in seinem Bewusstsein eins mit ihm wird.

Wo der Mensch über die Zeit in die Ewigkeit erhoben ist, da wirkt er ein und dasselbe Werk mit Gott. Er wirkt mit Gott, was Gott vor Jahrtausenden gewirkt hat und nach Jahrtausenden wirken wird; denn in Gott ist keine Zeit, und all sein Tun ist nur ein einziges Werk. Wenn der Mensch mit Gott eins ist, so bringt er mit Gott alle" Kreaturen hervor; er bringt allen Kreaturen die Seligkeit in dem Maße, als er eins mit Gott ist. Es ist dabei aber nicht von einem Menschen (im alltäglichen Sinne dieses Wortes) die Rede, welcher wirkt, sondern Gott (der Gottmensch) ist dann in solchen Personen der eigentliche Vollbringer ihrer Handlungen. Gott setzt sich an die Stelle der menschlichen Vernunft und des Willens, und alles Tun des Menschen ist vielmehr ein Tun Gottes im Menschen.[1)]

Was Gott von uns verlangt, und was er in uns wirkt, auf dass wir in ihn eingehen können, ist Gleichheit. Die Liebe kann nicht sein, sie finde denn Gleichheit oder bewirke sie. Gott hat sich niemals gesenkt und senkt sich niemals in einen fremden Willen, sondern nur in seinen eigenen. Wo er diesen findet, da senkt er sich hinein mit seinem ganzen Wesen. Darum muss der Mensch zunächst sich innerlich sammeln und in den tiefsten Grund seiner Seele einkehren, um alles Ungöttliche hinauszutreiben. Die Seele hat sich im Äußern zerteilt und zerstreut mit ihren Kräften, deren jede eine ihr eigentümliche Funktion ausübt; dadurch ist sie um so schwächer geworden in ihrer innerlichen Tätigkeit, denn jede geteilte Kraft ist unvollkommen. Darum, wenn sie kräftig im Innern wirken will, so muss sie alle ihre Kräfte wieder heimrufen und sie aus der Zerstreuung in den Dingen zum innerlichen Wirken sammeln, um die eine, ungeschaffene ewige Wahrheit (Wirklichkeit) zu erkennen. Vernunft und Gedächtnis müssen in den Seelengrund zurückgenommen werden, und alle andern Funktionen aufgebend, müssen wir zum Nichtwissen alles Endlichen

1) 190,29 – 199,12 – 467,10.

gelangen, denn das Wahrnehmen und Wissen zerstreut und zerstört. Jenes Nichtwissen ist aber nicht zu verstehen als Unwissenheit, sondern ein über alles Wissen und Nichtwissen erhabenes Bewusstsein. Darin besteht der Seele Lauterkeit, dass sie aus der Geteiltheit des Lebens zur Einheit gelangt und an nichts Äußerem haftet. Gedächtnis, Verstand und Wille, alles dies zieht dich in die Vielheit herab; darum musst du sie alle lassen, Sinnlichkeit und Vorstellungskraft, und alles, worin du dich „selber" findest und dir „selber" das Ziel bist. Vernunft und Wille müssen nicht aufhören, sondern über sich selber hinausgehen und in den Ursprung zurückkehren, aus dem sie geflossen sind. In unserem tiefsten Innern, da will Gott bei uns sein, wenn er uns zu Hause findet, und die Seele nicht ausgegangen ist, mit den Sinnen sich zu unterhalten. Auch die Vorstellungen von Gott, die auf sinnlichen, von äußerlichen Dingen abstammenden Wahrnehmungen beruhen, wie z. B. dass Gott gut, weise, barmherzig und dergleichen sei, musst du lassen. Erst wenn du von deinem Wissen und Willen dich frei und ledig machst, da geht Gott mit seinem Wissen und seinem Willen in dich ein.[1)]

Hier in dieser Welt dreht sich das ganze Dasein des Ichs um sich selbst; das durch Selbstbespiegelung entstandene Schein-Ich bezieht alles auf seine Schein-Existenz.

Da heißt es nur stets: „Ich bin, ich habe, ich liebe, ich wünsche, ich will, ich weiß, ich kann" usw. Gerade dieses in seiner Eigenheit eingeschlossene und durch seine Selbstheit beschränkte Ich ist die Ursache, welche den Menschen hindert, Gott, sein wahres, schrankenloses, freies, allumfassendes höheres Selbst zu finden.

Das falsche „Ich" (Mephistopheles) ganz zu verlassen und willig in der Liebe zum wahren Ich (Christus) aufzugehen, sodass da keine Zweiheit mehr existiert, sondern nur die Liebe selbst ist das Ziel des Weges zu Christo, die Vollendung des Yoga. Christus ist unser unsterbliches Ich; was in ihm aufgenommen wird, ist ewig und unsterblich; alles, was im Menschen nicht göttlicher Natur ist und sich deshalb mit dem Gottmenschen nicht vereinigen kann, ist zeitlich und vergänglich, dem Tode, der Zersetzung und Umwandlung unterworfen. Christus ist das einzige, wahre, ewige Leben; wer in ihn eingeht, sodass gar nichts von seinem eigenen Selbst zurückbleibt, der ist erlöst.

---

1) 86 – 307,12 – 570,30 – 13 – 15 – 264,5 – 24,31 – 304,9,33 – 102,15 – 25.

Soll die Seele Gott sehen, so darf sie auf kein zeitliches Ding sehen; soll sie Gott erkennen, so darf sie mit dem Nichts keine Gemeinschaft haben. Die Kreaturen (wozu unser eigenes geschaffenes irdisches Ich gehört) sind etwas Trennendes zwischen uns und Gott; solange wir sie nicht lassen und Lust oder Schmerz durch sie empfangen, sind wir ferne von Gott. Soll Gott in dich eingehen, so muss die Kreatur (der Egoismus) notwendig aus dir herausgehen. Wo deine (von dir selbst geschaffene) Kreatur endet, da erst beginnt Gott, und so, wie das Bild deiner Kreatur (Selbstheit) in dich eingeht, muss Gott mit all seiner Gottheit weichen; geht aber dieses Bild hinaus, so geht Gott hinein. Wer alle Dinge gelassen hat in ihrer niedrigsten Form, wo sie sterblich sind, der empfängt sie wieder in Gott, wo sie Wahrheit sind. Leer aller Kreatur (Eigenheit) sein, heißt Gottes voll sein; und voll aller Kreatur (von sich selbst eingenommen) sein, heißt Gottes leer sein. Wer alle Dinge empfangen will, der muss sich selbst und damit auch den Hang nach allen Dingen dahingehen.[1)]

Gott (das göttliche Selbstbewusstsein) verlangt von uns nichts anderes als die Abgeschiedenheit (von allem, was nicht göttlich ist).

Der wahre „Einsiedler" ist nicht derjenige, welcher in selbstsüchtiger Absicht sich von den Menschen ferne hält, oder sich in einer Wüste verbirgt, sondern der, welcher frei von seiner Selbstheit ist. Erst wenn der Mensch zwischen sich selber als Individuum und der Menschheit in seiner Natur, die er mit allen anderen Menschen gemein hat und welche in allen Menschen zusammengenommen nur eine einzige ist, unterscheiden kann, kann er auch in anderen das Wahre vom Falschen, das Ewige vom Zeitlichen, das Geistige vom Materiellen, das Sein vom Schein unterscheiden.

„Sich selber muss der Abgeschiedene lassen; er muss praktisch erkennen, dass „sein" Werk nicht sein Werk, „sein" Leben nicht sein Leben ist. Gott hat nicht die Natur eines einzelnen bestimmten Menschen, sondern die Menschheit, die allgemeine menschliche Natur angenommen. Der Abgeschiedene hängt mit seinem Willen nicht an sich selber (und am allerwenigsten an etwas außerhalb seiner selbst, er steht in dem in ihm entfalteten Selbstbewusstsein Gottes). Alle Liebe in dieser Welt ist gebaut auf Selbstliebe; hättest du diese gelassen, so hättest du die ganze Welt gelassen. Der Abgeschiedene begehrt nichts für sich selbst (da er ja sein

---

1) 222,29 – 298,16 – 12,8 – 66,22 – 223,8 – 487,10 – 574,36.

„Selbst" nicht mehr als etwas Besonderes und Getrenntes erkennt); er begehrt überhaupt nichts Einzelnes und Bestimmtes mehr; sein Wille (und Bewusstsein) ist ganz Eins geworden mit dem Willen Gottes (dem Allselbstbewusstsein); er hat aufgehört zu wollen (er existiert als Person nicht mehr). Das ist Gottes Absicht in allen Dingen, dass wir den (persönlichen) Willen aufgeben. Nichts bringt den Menschen an die wahre Beschaffenheit, als das Aufgeben des Eigensinnes. Das wäre ein vollkommener und wahrer Wille, dass man ganz in Gottes (des höheren Selbsts) Willen getreten und ohne „eigenen" Willen wäre. Gott hat sich niemals einem fremden Willen mitgeteilt und teilt sich niemals mit. Er will nichts anderes als sich selbst. Wo er seinen Willen findet, da gibt er sich hin und ergießt sich in ihn mit allem, was er ist. Der Mensch, der so in Gottes Willen steht, der will nichts anderes, als was Gott und Gottes Wille in ihm ist. Wäre er krank, er wollte nicht (aus eigenem Willen) gesund sein. Alle Pein ist ihm (um des höheren Selbstes willen) eine Freude, alle Mannigfaltigkeit ein Unvermischtes und Einfaches. (Er freut sich auch nicht selbst, sondern Gottes Freude ist in ihm.) Er ist seiner ledig und aus sich selbst herausgegangen, er ist sich selber tot und allem Geschaffenen, und achtet sich selbst so wenig als eines anderen über tausend Meilen entfernten." [Er verachtet aber auch weder sich selbst noch einen anderen; denn er denkt überhaupt nicht an sich selbst und an nichts, was sich auf dieses Selbst bezieht, er lebt nur in Gott.[1]

Dieser Zustand besteht deshalb nicht in einem selbstsüchtigen Suchen, sondern in völliger Ruhe, in welcher die Seele verglichen werden kann mit einem klaren Wasserspiegel, in welchem das Bild des Mondes sich reflektiert. Damit aber dieses Bild ohne Verzerrung erscheinen kann, ist es nötig, dass kein Wellenschlag vorhanden und die Oberfläche des Wassers ruhig sei. So muss auch der Wellenschlag der Seele und die Bewegungen der Begierden und Leidenschaften niedergehalten werden, damit der Gottmensch (Christus) sein Ebenbild in der Tiefe der Seele erblicken und es dem Menschen offenbar werden kann. Es ist somit von keiner mediumistischen Hingebung, noch von Schwärmerei nach außen oder innen die Rede, sondern von einer völligen Passivität für das göttliche Licht von oben und von einer Kraft des Ausschließens niederer

1) 204,38 – 555 – 570,30 – 311,39.

Einflüsse, welche nur durch eine fortwährende Übung der Selbstbeherrschung erlangt werden kann.

Gott sucht Ruhe in allen Dingen; denn die göttliche Natur ist die Ruhe selbst. An allen Kreaturen ist Gott so gleich als die Ruhe; nichts lieberes kann die Seele Gott darbieten als Ruhe; er braucht nichts anderes, als dass man ihm ein ruhiges Herz gebe. Alles in der Seele soll schweigen, die Seele selber soll schweigen, sonst kann Gott nicht in ihr sprechen. Der Abgeschiedene empfängt von den Kreaturen weder Lust noch Leid; die Vielheit irdischer Triebe und Sorgen ist in ihr zum Schweigen gebracht, die Seele ist unbeweglich geworden. Rechte Abgeschiedenheit ist nichts anderes, als dass der Geist so unbeweglich stehe gegenüber allen äußeren Geschicken, wie ein starker Fels einem leisen Windeshauch gegenüber unbeweglich feststeht. Diese unbewegliche Abgeschiedenheit bringt den Menschen in die größte Gleichheit mit Gott; denn dass Gott Gott ist, das hat er von seiner unbeweglichen Abgeschiedenheit. Die Seele muss in Gott so befestigt sein, dass sich ihr nichts einzudrücken vermag; nicht Hoffnung noch Furcht, nicht Freude noch Jammer, nicht Liebe noch Leid, noch irgendetwas, was sie außer sich zu bringen vermöchte.[1)]

Hat der Mensch sein Selbst mit allen seinen selbstsüchtigen Begierden und Leidenschaften aufgegeben, so kann er auch keinen selbstsüchtigen Wunsch nach Gott haben. Er stellt sich unter Gott dann nicht irgendetwas Objektives oder Äußerliches vor, sondern er erkennt Gott dadurch, dass Gott (das höhere Selbst) sich in ihm selber erkennt.

Nicht allein der Dinge und seiner selbst ist der Abgeschiedene ledig, sondern auch (der Vorstellung) Gottes, sofern er von der Gottheit verschieden ist; denn selbst Gott ist (in der Vorstellung) noch ein bestimmtes Objekt. Darum bitten wir, dass wir Gottes ledig werden, und die volle Wahrheit erlangen, und die Seligkeit genießen, den letzten, einfachen, absoluten Ursprung, in dem die obersten Engel und die Seelen gleich sind; dort, wo ich stand, und wollte, was ich war, und war, was ich wollte. Ich bitte Gott, dass er mich ledig mache Gottes. Das ist das Höchste und Eigentlichste, was der Mensch lassen kann; nämlich, dass er um Gotteswillen Gott selber lasse. Das Nichts, welches Gott selber ist, zieht die Seele durch alle Dinge, über alle Dinge und außer allen Dingen in das äußerste Nichts, wo sie allen Kreaturen unerkennbar ist. Da ist sie nichts,

---

1) 152 – 15 – 486,35 – 222,12.

da hat sie nichts, da will sie nichts, da hat sie Gott und alle Dinge dahingegeben (und ruht in sich selbst). Sie kehrt zurück in ihren eigenen Grund (die Liebe und Herrlichkeit); da wird sie ihres eigenen Bildes (des Selbstwahnes) beraubt; da verliert sie ihren Namen und ist nichts mehr als Gott in Gott.[1)]

Darin besteht die Seligkeit der Seele, dass sie erkennt, dass sie alles in allem ist, und dass es außer ihr nichts mehr gibt.

Das ist des Menschen höchste Seligkeit, dass die Seele bei keinem Etwas stehen bleiben kann, bis dass sie stehe sonder Bild, sich spiegelnd in dem Nichts, in welchem sie ewig geschwebt hat vor ihrem eigenen Dasein. Alle unsere Vollkommenheit und Seligkeit liegt daran, dass der Mensch hindurchdringe und hinausklimme über alle Geschaffenheit und Zeitlichkeit und eingehe in den Grund, der grundlos ist. So an sich selbst vernichtet, in der Gottheit aufgegangen (wie der Funke in der Flamme aufgeht und zum Lichte wird), ist die Seele tot und in Gott (im Allselbstbewusstsein) begraben, aber in Wahrheit das Leben selbst. Tot ist (für die Welt), wen nichts berührt, was in der Welt ist. So ist die Seele an sich selbst (in ihrer Selbstheit) tot; aber sie ist das Leben in Gott, und was da tot ist, das wird (beziehungsweise) zunichte. So ist die Seele tot, die in der Gottheit (der Seligkeit und Vollkommenheit) begraben wird. Wer in dieser Weise tot ist, der ist überall in unveränderlicher Gleichheit, sodass ihn nichts berührt. Diesen Tod sucht die Seele ewiglich.[2)]

Ist der Mensch einmal in seiner Selbstheit tot, d. h. von sich selber frei geworden, dann wird in ihm, dem Sohn des Erdgeistes, der Sohn des Lichtes, des göttlichen Geistes, Christus der Erlöser, die Selbsterkenntnis geboren. Es ist da von keiner „Entwicklung“ des auf Zeit und Raum beschränkten irdischen Verstandesmenschen zu einem höher stehenden, aber immer noch beschränkten „Übermenschen“ die Rede, sondern wie das eine Licht der Sonne, das die Welt erfüllt, in der Dunkelheit aufgeht, wobei die Dunkelheit gänzlich verschwindet, so geht das eine, alles erfüllende Allselbstbewusstsein in der Seele auf, welche die Schranke des Selbstwahns überschritten hat und in die Freiheit des unsterblichen Daseins getreten ist.

---

1) 281,35 – 283,37 – 310,25 – 532,3 – 503,1.

2) 658,24 – 258,29 – 106,37 – 242,1 – 462,21 – 536,36.

Diese Geburt Gottes in der Seele geschieht über Zeit und Raum in der Ewigkeit; nicht etwa in einem bestimmten Augenblick, in diesem Jahre, Monat oder Tage, sondern allezeit; d. h. über der Zeit in der Weite, wo kein Hier noch Jetzt, weder Natur noch Gedanke ist; wo die Seele sich über Zeit und Denken erhoben hat und in einem ewig gegenwärtigen Zustande ist. Sie findet statt in dem allerinnersten Wesen der Seele, im Fünklein der Vernunft; aber alle Kräfte der Seele werden sie gewahr in einer göttlichen Wahrnehmung. Da ist von keiner „Andacht" oder „frommen Rührung" die Rede, sondern der Geist steht da in einer reinen Anschauung der obersten Wahrheit. Auch der Körper ist da in einer stillen Ruhe, dass kein Glied sich bewegt; denn das ewige Wort wird geboren zugleich im Geiste und im Körper. Keine Kraft der Seele übt dabei ihre Funktion; alle ihre Kräfte sind im Innersten gesammelt. Es ist somit Gottes Geburt in der Seele nichts anderes als ein Ergriffenwerden von Gott (der Wahrheit) in besonderer himmlischer Weise, wobei Gott den Geist aus dem Sturme unnatürlicher Unruhe in eine stille Einfachheit lockt, in der sich Gott mit seiner ihm eigenen göttlichen Natur dem Geiste mitteilen kann. Diese Geburt ist ein Akt, der sich wiederholen kann, und dessen Wirkungen durch Wiederholung immer kräftiger werden. Die Seele, in der die Geburt einmal geschieht, wird nach Gott geformt; je öfter aber diese Geburt geschieht, desto mehr wird die Seele stark in Gott und in das Herz Gottes hineingebildet.[1)]

Dadurch erwacht das geistige Leben im Menschen und mit diesem tritt ein neues Bewusstsein, eine neue Art der Wahrnehmung und Erinnerung ein und neue mystische Kräfte entfalten sich, die der Erdenmensch nicht kennt und nicht kennen kann, weil sie nicht ihm, sondern dem allgegenwärtigen geistigen Menschen angehören, von welchem der nicht wiedergeborene irdische Mensch nichts weiß. Aus diesem Grunde ist aller zur Befriedigung der wissenschaftlichen Neugierde unternommene Mystizismus zwecklos und führt zu nichts, und der Anfang zur Kenntnis der okkulten Wissenschaft ist das Aufgeben seines Selbstes mit allem seinem Selbstwissen, Selbstwollen und Können. Um aber diese Lehre zu begreifen, dazugehört, wie Shankaracharya sagt, der Besitz der Fähigkeit in sich selbst, das Wahre und Unvergängliche vom scheinbaren und vergänglichen Selbst unterscheiden zu können. Wer dies in sich selbst unterschei-

---

1) 101,19 – 110,28 – 105,10 – 266,32 – 110,26 – 479 – 481 – 401,16.

den kann, der kann es auch in anderen Dingen und Personen unterscheiden, und wie das äußere Auge das Materielle erkennt, so erkennt das Geistesauge den Geist, der in allem wohnt und doch über alles erhaben ist. „Wer in allen Wesen und in sich selbst den Einen, Alleinigen, den höchsten Herrn der Welt erblickt, den Ewigen, der in vergänglichen Dingen wirkt, der ist der richtige Sohn. Wer erkennt, dass die voneinander verschiedenen Eigenschaften der Dinge nur von einem Wesen allein ihren Ursprung haben, der geht in Brahma ein." (Bhagavad Gita XIII, 27-30). Dies ist das große Geheimnis. Wer es erfasst, der hat die Unsterblichkeit erkannt.

Christentum

Wir tragen Weisheit für die Gereifteren vor; aber nicht Weisheit dieses Zeitalters und der Großen dieser Welt, welche zu nichts werden, sondern wir tragen geheimnisvolle und verhüllte Weisheit (theosophische) vor, die Gott von Ewigkeit zu unserer Herrlichkeit bestimmt hatte.
(I. Korinther, 2, 6 u. 7)

Das Wort „Christus“ kommt ursprünglich aus dem Sanskrit, und Chrestes bezeichnete bei den alten Griechen (Äschylos, Herodotos, etc.) einen Propheten. Justin Martyr nennt seine Mitgläubigen „Chrestiani“, und Loctantius (L. IV. C. VII) sagt, dass aus Unwissenheit Leute sich „Christiani“ statt „Chrestiani“ nennen. Chrestos bezeichnete ursprünglich einen Schüler der Weisheit auf dem Wege der Initiation; hatte er alle Hindernisse überwunden und sich gereinigt, so wurde er ein „Gesalbter“, ein Christos.

Dies wird genügen, um anzudeuten, dass das Wort „Christentum“ etwas viel höheres bedeutet, als man gewöhnlich darunter versteht, und dass ein wirklicher Christ nicht der Anhänger irgendeiner Sekte, die sich „christlich“ nennt, sondern ein Mensch ist, der den Weg der göttlichen Selbsterkenntnis und Unsterblichkeit wandelt. Ebenso wenig ist der wahre Christ der Anhänger irgendeines Menschen oder beschränkten Wesens namens „Christus“, sondern ein Mensch, welcher dem Lichte der ewigen Wahrheit, das der ganzen Welt ohne Unterschied der Nationalität oder Konfession leuchtet, empfänglich ist. Eckhart sagt:

Gott ist unser Vater und die Christenheit (die Gotteserkenntnis) ist unsere Mutter, Christus (die Wahrheit) ist überall, nicht der Art nach, sondern nur dem Grade nach von uns verschieden. Von einem Eintreten für uns ist keine Rede, vielmehr sollen wir durch sittliche Vollendung Christus selber werden, und ohne dies kann uns auch das Leiden und der Tod Christi nichts helfen.[1)]

Wir dürfen daher auch das wahre Christentum nicht mit dem „christlichen“ Kirchentume verwechseln; denn eine Kirche kann nur insoweit wahrhaft christlich sein, als sie dem Menschen den Weg zur

1) Lasson, Meister Eckhart.

Wahrheit zeigt, ihn dazu anleitet, wie er sich verhalten muss, damit sich in seinem Inneren die Lotusblume der göttlichen Selbsterkenntnis entfalten, in ihm selbst der Gottmensch (Christus) erwachen kann. Die Wahrheit gehört der Ewigkeit, die Kirche auf Erden der Vergänglichkeit an. Das Merkmal eines Kirchengängers ist, dass er die Kirche, dasjenige eines wahren Christen, dass er Gott als sein Höchstes erkennt. Die äußerliche Kirche mag zur Erlangung der Gotteserkenntnis ein Hilfsmittel oder ein Hindernis sein. Ein Hilfsmittel ist sie, wenn man in ihr die Lehre der Wahrheit findet und dieselbe befolgt; ein Hindernis ist sie, wenn man in dem blinden Glauben an Dogmen und Theorien stecken bleibt.

„Die kirchlichen Übungen und Vorschriften sind nicht das Höchste; sie haben ihre Berechtigung bis dahin, wo der Gläubige über sie hinauswächst." Dadurch ist noch niemand zur göttlichen Weisheit gelangt, dass er die Kirche und mit ihr die Wahrheit, welche in ihr gelehrt wird, verachtet, oder sich einbildet, dass er dieselben nicht nötig habe; auch nicht dadurch, dass er blindlings an Dinge glaubt, von denen er eine verkehrte Vorstellung hat; sondern nur dann kann er auf das Kirchliche herabblicken, wenn er über dasselbe emporgewachsen ist, und der Glaube an Meinungen hat erst dann wirklichen Wert, wenn man den Gegenstand, um den es sich dabei handelt, richtig begreift.

Wenn aber die Kirche selbst die Wahrheit, welche sie zu lehren vorgibt, nicht mehr erkennt, den Geist mit der Form, den äußerlichen Schein mit dem innerlichen Wesen verwechselt und ihr Selbstinteresse höher hält als die Wahrheit, dann ist sie auch in Wirklichkeit keine christliche Kirche, d. h., keine Schule der Weisheit mehr, und nicht länger von der Weisheit berufen oder fähig, die Weisheit zu lehren. Ob sie das, was sie zu sein vorgibt, ist oder nicht ist, darüber entscheidet nichts anderes als die eigene höhere Erkenntnis, die vom Geiste der Wahrheit erfüllte Vernunft, welche in allen menschlichen Dingen die oberste Richterin ist. Ohne dieses Licht der Vernunft ist der Mensch nur ein Tier, dem man vielleicht eine künstliche Art von Moral oder Dressur, aber keine wahre Religion beibringen kann. Unter solchen Tiermenschen können alle möglichen Arten von Intellektualität, Klugheit, Scharfsinn, Logik usw. vertreten sein; man kann unter ihnen große Geschichtsforscher, Theologen, Philosophen, Chemiker, Gelehrte und Professoren, usw., finden; aber alles dies gehört nicht zur wahren Erkenntnis und bringt keinen Christen hervor.

Ein Christ im wahren Sinne des Wortes ist ein Mensch, in dessen Seele das Licht der Gotteserkenntnis gedrungen ist. Wird er ganz von diesem Lichte erfüllt, so ist er Christus, d. h., er ist durch diese Vereinigung (Yoga) eins mit dem Einen unsterblichen und allgegenwärtigen Lichte der göttlichen Weisheit, eins mit Christus, dem Gottmenschen, geworden von einem solchen Menschen sagt Eckhart:

Die Seele vereinigt sich mit Gott wie die Speise mit dem Körper. Wie diese Auge wird in den Augen und Ohr in den Ohren, so wird die Seele Gott in Gott.[1] *Mit einer jeglichen göttlichen Kraft vereinigt sie sich, wie die Kraft in Gott ist, und Gott vereinigt sich mit der Seele, so wie jegliche Kraft in der Seele ist; die beiden Naturen fließen in einem Lichte zusammen, und die Seele wird (in ihrer Eigenheit) zu Nichte, indem sie ihre höchste Form erreicht. Was sie ist, das ist sie in Gott. Die göttlichen Kräfte ziehen sie in sich, wie die Sonne alle Kreaturen in sich zieht.*[2] *Die Seele wird mit der bloßen Gottheit (Atma) vereint, sodass sie in dieser nicht mehr als besonderes Wesen gefunden werden kann; ebenso wenig als ein Tropfen Weines mitten im Meer.*[3] *Das Feuer verwandelt in sich, was ihm zugefügt wird, und bringt es in eine Natur. So werden wir in Gott verwandelt. Es ist noch dieselbe Seele, aber ein anderer Zustand der Seele; denn die alte Weise ist ganz dahin und tot. Die Seele hat ihr rechtes Wesen wieder gewonnen und steht in ihrer ursprünglichen Unschuld. Die (individuelle) Vernunft und alles in Begriffen Erfassbare bleibt draußen; die Seele wird in die reine Einheit aufgenommen. Was bisher die oberste Seelenkraft gewirkt hat, das wirkt nun Gott im Menschen; sie aber steht ledig und frei aller Dinge. Man kann dann wohl sagen. Dieser Mensch ist Gott und Mensch. Er hat das alles erlangt von Gnaden, was Christus hatte von Natur. Der Leib ist so durchströmt von der herrlichen Wesenheit der Seele, dass man wohl sagen kann, dies ist ein göttlicher Mensch.*[4] *Er ist mehr Gott als Kreatur.*[5] *Wer in den göttlichen Standpunkt verzückt wird, der versteht sich nicht anders, als dass er das Wesen (Parabrahm) sei, das aus dem Gott (Brahma) sein Wesen und seine Gottheit entnimm?*[6]

---

1) Eckhart, 531,25 – 113,24 – 226,31.
2) 467.6 – 566,35.
3) 206,15.
4) 127.25.
5) 185,1.
6) 586,21.

Ein wirklicher Christ ist somit dasselbe wie ein indischer Yogi; d. h ein Mensch, der in vollem Ernste die Vereinigung seines persönlichen Ichs (Manas) mit Gott (Atma-Buddhi) erstrebt, und es unterliegt keinem Zweifel, dass die ersten „Christen" Angehörige einer Yoga-Schule waren, deren Zweck es war, durch die Übung der Ergebung ins Höchste sich mit Gott zu vereinigen und durch diese Vereinigung zur Unsterblichkeit zu gelangen. Als aber diese erhabene Lehre allgemein verkündet und deshalb auch von denen, die sie nicht zu erfassen vermochten, allgemein missverstanden wurde, da wuchsen aus diesen Missverständnissen nach und nach die unzähligen Sekten, wie wir sie heutzutage sehen, mit ihren vernunftwidrigen Dogmen und unverständigen Glaubensartikeln, Fanatismus und Intoleranz, Äußerlichkeiten und Heuchelei.

Man kann füglich das Christentum, so wie es jetzt ist, unbeschadet der vielen Sekten, aus denen es zusammengesetzt ist, in folgende Klassen einteilen:

1. Yogis oder Heilige, deren es blutwenige gibt; d. h. Menschen, die, wie oben beschrieben, zur göttlichen Selbsterkenntnis gekommen sind. Zu diesen gehörte Eckhart, wie aus seinen Schriften hervorzugehen scheint; denn die Lehren, welche er verkündete, gingen augenscheinlich aus seiner eigenen Erfahrung, und nicht, wie manche seiner Kommentierer glauben, aus seiner *Spekulation* hervor.

Die Heiligung beginnt erst mit der vollkommenen Wiedergeburt. Weit entfernt davon, dass wir nach erlangter Gnade die Hände in den Schoß legen könnten, beginnt erst vielmehr dann die rechte gottgefällige Wirksamkeit.[1)]

Davon kann keine Rede sein, dass man imstande der Gnade sich quietistisch alles Wirkens entledigen dürfe, vielmehr sind wir durch diese Geburt Gottes Sohn geworden, so wird auch all unser Leben göttlich, und das uns eingepflanzte Prinzip wirkt sich in den Werken der Liebe und Gerechtigkeit aus. Ein Rest der Unvollkommenheit bleibt freilich auch nach jener Geburt noch in den Begnadigten, weil die unendliche Fülle nicht ganz in die endliche Persönlichkeit einzugehen vermag.[2)] *Aber diese Unvollkommenheit ist da nur wie ein Zufall, die Heiligkeit ist das Wesen. Wem in der Geburt das ewige Licht zuteilgeworden ist, der kann nicht*

---

1) 121,9. 2) 625,25.

mehr fallen. Wer Gott in jener Gnadenhöhe geschaut hat, der kann nicht mehr sinken. Er wird nimmer und in keiner Weise von Gott geschieden werden, und nimmer in eine Todsünde fallen, noch mit Willen eine geringere Sünde begehen.[1)]

Die überfließende Fülle des Lichtes, das mit der Geburt in der Seele Grund kommt, ergießt sich auch in den Körper, und dieser wird dadurch verklärt. Alle Kräfte und der äußere Mensch werden durchleuchtet. Die höchste Erkenntnis kommt uns mit der Geburt. Wir erkennen die heilige Dreieinigkeit und alle Dinge, wie sie ein lauteres Nichts in Gott sind. Wie die Seele dem Leibe sein Wesen gibt, so ist Gott der Seele Leben. Wie die Seele sich ergießt in alle Glieder, so fließt Gott in alle Kräfte der Seele; dass sie es weiter ergießen in Güte und Liebe auf alles, was unter ihnen ist.[2)] *Da soll der Mensch in allen seinen Handlungen ein Zeugnis ablegen vor dem Lichte der Heiligen Dreifaltigkeit, das alle Menschen erleuchtet hat, dass sie den Sohn recht ergreifen, kennen und glauben, der im Menschen ohne Unterlass geboren wird.*[3)] *Dann bewirkt der Heilige Geist (der Geist der göttlichen Selbsterkenntnis), dass ich (das illusive „Selbst") in ihm gewissermaßen verbrannt werde und schmelze, und ganz und gar Liebe werde.*[4)]

Diese Art von Christen haben keinerlei Art von Wünschen. Da sie eins sind mit dem, aus dem Himmel und Erde hervorgegangen sind, so haben sie weder auf Erden noch im Himmel etwas zu erlangen, das sie nicht schon erlangt und darüber hinausgewachsen wären; sie haben ihrem Selbst und damit auch allen Begierden desselben entsagt.

Aber dieser Entsagung und Ergebung ins Höchste sind nur Wenige fähig, die große Mehrzahl bleibt bis zum Ende in den Banden der Selbstheit gefangen und betrachtet sich als etwas dem Wesen nach von Gott Verschiedenes, weshalb sie von ihm für sich selbst dieses und jenes zu bekommen hofft. Diese bilden die folgende Klasse.

2. Die gewinnsüchtigen „Christen". Damit sind nicht nur diejenigen gemeint, welche von Gott gute Dinge, Reichtum, Gesundheit usw. für sich und ihre Freunde zu erbitten oder zu verdienen suchen, sondern auch alle diejenigen, welche sich eines frommen und tugendhaften Lebenswan-

---

1) 10,14.
2) 109,32.
3) 586,14.
4) 12.

dels befleißigen, um im „Jenseits“ persönlich den Lohn dafür zu empfangen.

Es ist klar, dass solchen Personen nicht Gott, sondern das eigene Selbst und dessen Wohlergehen das Höchste ist.

Manche Menschen sehen Gott an wie sie eine Kuh ansehen und wollen ihn lieben, wie sie eine Kuh lieben. Die liebst du um der Milch und des Käses, überhaupt um deines Nutzens willen. Ebenso tun alle die, die Gott lieben um des äußeren Reichtums oder der inneren Erquickung willen; sie lieben Gott nicht in der rechten Weise, sondern aus Eigennutz. Jedes Motiv und jede Absicht, die etwas anderes ist, als Gott an sich selber, so gut sie auch sonst sei, ist doch nur ein Hindernis.[1)]

Wer Gott liebt, damit ihm etwas zuteilwerde, der tut wie der, welcher beim Schein einer Kerze etwas sucht. Hat er das Gesuchte gefunden, so wirft er die Kerze weg. Wird ihm das Begehrte zu teil, es sei Andacht oder Erquickung, so kümmert er sich um Gott selbst nichts mehr.[2)]

Gott lohnt alles Gute, und was du um seinetwillen lässt, das gibt er dir hundertfältig wieder. Geht aber deine Absicht auf diese Vergeltung, so erhältst du nichts, denn du hast nichts gelassen.[3)]

In dem Gerechten soll nichts wirken, als Gott allein. Treibt dich etwas Äußeres an in deinem Wirken, so sind deine Werke tote Werke.[4)]

Hätte ich einen Freund und liebte ihn in der Absicht, dass er mir Gutes erwiese und alle meine Wünsche erfüllte, so liebte ich nicht den Freund, sondern mich selbst. So besteht die wahre Liebe zu Gott darin, dass man frei von aller Selbstsucht Gott allein um seiner Güte willen liebe, um alles dessen willen, was er an sich selber ist.

Die Furcht des Knechtes ist es, wenn man die Sünde aus Furcht vor der Qual der Hölle lässt, und nicht aus Liebe zu Gott. Die Furcht schielt mit dem einen Auge auf Gott, mit dem andern auf die Qual. Das rechte vollkommene Wesen des Geistes ist es, wenn auch Himmel und Hölle nicht wäre, doch Gott zu lieben um seiner eigenen Güte willen.[5)]

Alles, was der Mensch aus seinem illusiven Selbst will, tut, begehrt oder zu erlangen hofft, gehört, wie dieses Selbst, dem Reiche der

1) 70.16.
2) 147,18.
3) 177.2.
4) 190,17.
5) 517,22.

Illusion, der Täuschung, der Vergänglichkeit an; deshalb gehört auch alles äußerliche „Sündenvergeben", alles Bitten und Betteln, um Gott zu bewegen, seinen Willen zu ändern, in das Reich der Illusion.

Die Buße soll in uns so kräftig sein, dass wir eher tausend Tode erleiden, als eine geringe Sünde erleiden sollten. Wer da sagt, er habe rechte Buße, und in der Sünde beharrt, spricht unwahr und vermehrt seine Sünde.[1)]

Eine einzige ungebüßte Sünde, auch bei dem sonst heiligsten Leben, macht, dass der Mensch (seine Persönlichkeit) ewiglich verloren ist. Kein Gebet der Heiligen könnte ihm helfen. Wer aber tausend Todsünden geübt, und sie erkennt und in rechter Buße und ernster Willensbesserung abgelegt hätte, der würde selig sein mit den Seligen.[2)]

Sobald der Mensch an seiner Sünde Missfallen empfindet, erhebt er sich zu Gott und beginnt sich emsig von allen Sünden hinwegzubekehren, in einem unveränderlichen Willensentschluss. Da fasst er festes Vertrauen zu Gott und gewinnt eine große Sicherheit; davon kommt eine geistige Freudigkeit, welche die Seele über allen Schmerz und Jammer emporhebt und in Gott befestigt.[3)]

Die Frucht der rechten Buße ist die Vergebung (das Weggeben oder Verlassen) der Sünde, alle Sünden, über die man die rechte Buße empfindet, hat Gott vergessen, und wir sollen ihrer nicht mehr gedenken.[4)]

Gott kümmert sich nicht um das, was du getan hast, sondern um das, was du bist. Er ist ein Gott der Gegenwart; wie er dich findet, so nimmt er dich und sieht nicht an, was du gewesen bist, sondern was du jetzt bist.[5)]

So oft der Mensch in eine Gleichheit mit Gott gelangt, dass ihm Gott so lieb wird, dass er sich selbst verleugnet und das Seine nicht sucht, weder in Zeit noch in Ewigkeit, so oft wird er aller seiner Sünde und seines Fegefeuers ledig und hätte er auch aller Menschen Sünde getan. Denn was ein Tropfen ist gegen das Meer, das ist aller Menschen Sünde gegen die grundlose Güte Gottes.[6)]

---

1) 453,8.
2) 454,5.
3) 558,3.
4) 451,11.
5) 557,14.
6) 603,9.

Das richtige Gebet aber ist die Erhebung der Seele zur Freiheit; dorthin, wo alle selbstsüchtigen Wünsche aufhören, und nicht ein Betteln um Erfüllung persönlicher Begierden.

Gottes Wirken ist ein überzeitliches, so fern von aller Veränderung, und so sehr die notwendige Folge seines Wesens, dass von einer Willensveränderung in Gott, von einer eigentlichen Gebetserhörung keine Rede sein kann. Kein einzelnes Ding, keine bestimmte Vorstellung oder Begierde, kein besonderer Begriff ist es überhaupt wert, dass ein Menschenherz davon erfüllt werde; es gibt also auch kein Herzensanliegen, das Gott mit Recht vorgetragen werden dürfte. Das Gebet ist als eine nützliche Übung anzusehen, um die zerstreuten Gedanken zu sammeln und auf das Eine zu lenken, was not ist.[1)]

Alle Kreaturen, wenn man ihnen schaden will, fliehen an ihren Zufluchtsort; so fliehen wir zu Gott. Moses betet und Israel siegt; „Israel" aber bedeutet alle Frommen, die mit andächtigem Gebete ihre Anfechtungen überwinden sollen. Aaron und Ur, die Mosis Arme stützten, bedeuten standhaften Mut und glühende Liebe.[2)]

Das andächtige Gebet ist wie eine goldene Leiter, die an den Himmel hinan reicht und auf der man zu Gott emporsteigt. Wenn die Seele nicht mit Sünden beschwert ist, so wird es ihr zur Natur, dass sie sich leicht in Andacht zu Gott erhebt, wie eine leichte Feder, die ein geringer Hauch in die Höhe entführt. Das beste aller Gebete ist dasjenige, welches ohne Worte vom Herzen kommt. Das ist die vollkommene Weise zu beten.[3)]

Erst wenn der Mensch ganz gesammelt ist, beginnt die wahre Anbetung.[4)]

Das kräftigste Gebet und zugleich das mächtigste, um alle Dinge zu erwerben, ist das, welches aus einem ledigen Gemüte stammt. Ledig aber ist das Gemüt, welches mit nichts belastet oder beschwert und an nichts gebunden ist, nirgends das Seine begehrt und allzumal in den Willen Gottes versenkt ist. So kräftig soll man beten, dass alle Glieder und Kräfte, Augen und Ohren, Herz, Mund und alle Sinne sich darauf richten, und nicht eher soll man aufhören, als bis man mit dem, den man da gegenwärtig hat und bittet, d. h. mit Gott, sich vereinigen will.[5)]

---

1) 240,8.
2) 357.
3) 359.
4) 239,32.
5) 544,27.

Das rechte Gebet ist das, wobei man um nichts bittet. Wenn ich um etwas bitte, so bete ich nicht; wenn ich um nichts bitte, da bete ich recht. Wenn ich dort in dem Einen bin, wo alle Dinge gegenwärtig sind, das Vergangene, das Gegenwärtige und das Zukünftige, so sind sie alle gleich nahe und gleicherweise eins; alle in Gott und alle in mir. Wer um etwas anderes bittet, als um Gott, der huldigt einem Abgott. Die im Geiste und in der Wahrheit beten, die beten recht. Bist du krank und bittest du Gott um Gesundheit, so ist dir die Gesundheit lieber als Gott, so ist er dein Gott nicht. Er ist ein Gott des Himmels und der Erden; aber dein Gott ist er nicht.[1)]

Wer den Vater anbeten will, der muss sich mit seinem Begehren und Vertrauen in die Ewigkeit versetzen. Sobald du Gott um der Kreaturen willen anbetest, so bittest du um deinen eigenen Schaden; denn solange die Kreatur Kreatur ist, trägt sie in sich Bitterkeit und Schaden, Übel und Ungemach.[2)]

Im Gebete sollte es nicht heißen: „Gib mir diese Tugend oder jene Lebensweise", sondern „Gib mir nichts, als was du willst und tue, Herr, wie du willst und was du willst und was du willst in aller Weise".[3)]

Alles äußere Werk ist gleichgültig, so auch das Gebet. Das Herz wird nicht rein durch das äußere Gebet, sondern das Gebet wird rein durch das reine Herz.[4)]

In der Klasse der gewinnsüchtigen Christen gibt es vielerlei Gattungen; der große Baum des Christentums trägt verschiedenartige Blätter und bringt vielerlei Früchte hervor. Das Christentum ist gleich vielem anderen ein Licht, das einen wahren Kern, eine Flamme hat; diese umgibt der äußere Schein, welcher für viele so blendend ist, dass sie die Licht gebende Flamme in der Mitte nicht sehen können; dieser Schein spiegelt sich wieder in tausendfacher Gestalt, je nach der Gestalt der Formen, von denen er reflektiert wird; aber alle, die zu dieser Klasse gehören, sind mehr oder weniger auf ihren eigenen Vorteil, ihre eigene Seligkeit bedacht, von dem Mönch angefangen, der durch Selbstquälerei sich einen behaglichen Besitz im Himmel als Belohnung für seine Torheit erwerben will, bis herab zum blinden Fanatiker, welcher meint, dass mit seinem

---

1) 54,24.
2) 57.22.
3) 544,12.
4) 612,12.

blinden Festhalten an einem Dogma, mit der vernunftwidrigen Bejahung einer verkehrt ausgelegten Fabel alles getan sei, was nötig ist, um sich des Himmelreichs zu versichern. In Bezug auf diese Art sagt Eckhart:

Alles Geborene, Engel und Heilige, muss schweigen, wenn die ewige Weisheit des Vaters zu uns spricht, und diese Weisheit spricht zu uns in der Schrift.[1)]

Die heiligen Schriftsteller sind vom Heilige Geist (der Selbsterkenntnis) angetrieben worden, das, was sie erkannt hatten, uns zu unserer Seligkeit mitzuteilen[2)], aber um die in diesen Schriften enthaltene Wahrheit zu erkennen, muss man sie erst aufdecken und ihren tieferen Sinn bloßlegen, d. h., man muss diese Schriften bei demselben Lichte betrachten, aus dem sie geflossen sind und nicht im Lichte der eigenen Fantasie.[3)]

Es ist der Heilige Geist, der sie schrieb, und es ist auch der Heilige Geist, der sie liest und versteht. Es handelt sich da weder um den törichten Glauben an die äußerliche Form einer Fabel, noch darum, dass man die Fabel willkürlich deutet und etwas hineinlegt, was nicht hineingehört, sondern darum, dass man den tiefen Sinn dieser Fabel ergründet und findet und erkennt, welcher gerade deshalb in das Gewand der Fabel gekleidet ist, um den Menschen anzuregen, selber nach der geheimen Deutung zu suchen, damit er die Wahrheit selber sieht und sich nicht damit begnügen soll, zu glauben, was ihm ein anderer davon sagt.

Das Höchste ist nicht die Schrift, sondern Gott. Dass wir Gott nicht finden, daran ist gerade das schuld, dass wir den unter Gleichnissen suchen, für den es doch kein Gleichnis gibt. Das Höchste, wozu uns die Heilige Schrift anleiten kann, ist eine Erkenntnis, die Gott weit mehr unähnlich als ähnlich ist.[4)] *In Worten lässt sich Gottes Wesen nicht ausdrücken.*[5)]

Ein Weiser sagt, Gott offenbare sich in der Schrift und in den Kreaturen; aber Paulus sagt: Gott hat sich in seinem eingeborenen Sohn geoffenbart, und in diesem soll sich alles vom Geringsten bis zum Höchsten durchaus und rein in Gott selber erkennen. Dazu müssen wir allem entwachsen, was nicht Gott ist.[6)]

---

1) 307,20.
2) 280,4.
3) 146,8.
4) 513,38.
5) 91,31.
6) 317,28.

Ebenso haben auch alle Zeremonien u. dgl. nur den Zweck, den Sinn auf dasjenige, was sie vorzustellen bestimmt sind, hinzuleiten. Das, was innerlich stattfindet, soll dadurch äußerlich dargestellt sein; findet es innerlich nicht statt, so hat die äußerliche Darstellung an sich keinen Wert.

Was sucht ihr an dem toten Gebein? Warum sucht ihr nicht das lebendige Heil, das euch ewiges Leben geben kann? Der Tote hat weder etwas zu geben noch zu nehmen.[1)]

Wer den Leib Gottes nimmt und ist von Sünden nicht lauter und rein, der wird mit dem Leibe Gottes nicht vereinigt, sondern dieser wird ihm zu einem strengen Gerichte.[2)]

Das Äußere ist überhaupt gleichgültig. Wer Gott hat, der hat in ihm alles. Wenn darum der Mensch in sein Gewissen geht und nichts darin findet, das ihn straft, so ist er frei mit vollem Frieden vor allem Gericht, denn alle Predigt bezieht sich allein auf den inneren Menschen.[3)]

Sakrament heißt Zeichen. Wer am Zeichen haften bleibt, kommt nicht zur inneren Wahrheit, auf welche jenes bloß hinweist. Das Sakrament ist etwas Äußerliches, die Wahrheit aber etwas Innerliches, viele lassen sich durch die Äußerlichkeit der Sakramente an der unmittelbaren Anschauung Gottes hindern.[4)]

Wer innerlich ebenso beschaffen wäre beim Genuss äußerer Speise, wie er beim Genuss des Sakraments sein soll, der empfinge dabei Gott ebenso gut wie in dem Sakrament.[5)]

Deshalb ist auch die Anbetung eines hölzernen Christus oder einer „historischen" Persönlichkeit dieses Namens ein Hindernis, den wahren lebendigen Erlöser kennenzulernen, der im Herzen von allen wohnt. Was die Person des Nazareners anbelangt, welche wie jeder andere Mensch eine Erscheinung war, hervorgebracht durch die Inkarnation des Geistes in der Materie, so hängt unser Heil nicht davon ab, dass wir meinen, dass ein anderer Mensch so oder anders beschaffen war, sondern unser Heil hängt davon ab, was wir selber sind.

In jedem Menschen ist der Sohn ewig dem Vater immanent, auch in seiner zeitlichen Daseinsform.[6)] *Was der Sohn annahm, war nur die*

---

1) 599,26.
2) 356,16.
3) 349,32.
4) 239,26.
5) 592,26.
6) 391,15.

eine, allen einzelnen Personen gemeinsame menschliche Natur, die Menschheit, nicht eine bestimmte menschliche Person. Hätte das ewige Wort eine menschliche Person angenommen, so wären vier Personen in der Dreifaltigkeit. So ist es aber nicht.[1)]

In der grundlosen Substanz der Gottheit stand die menschliche Natur unverrückt in ihrer höchsten Allgemeinheit, in einem alles überstrahlenden Glänze, um allen Kreaturen zur Lust auszustrahlen. Darum musste göttliche und menschliche Natur vereinigt werden. Die Gottheit durchdrang die Menschheit, als die Menschheit reif dazu war; sie ist die Liebe, die ewig aus dem unergründlichen Grunde Gottes geflossen ist.[2)]

In diesem Sinne ist das Wort Fleisch geworden und ist Christus vom Vater geboren in vollkommener Gleichheit mit dem Vater, und hat unsere Menschheit angenommen und mit sich vereinigt, als wahrer Gott und wahrer Mensch und ein einziger Christus.[3)]

Gott ward Mensch, weil er die Natur der Dinge von Gnaden annahm in der Zeit, wie er sie von Ewigkeit her in sich trug von Natur.[4)]

Die zeitliche Geburt des Sohnes ist nur ein Moment in seiner ewigen Geburt.[5)]

Als das Gottesbewusstsein in der Menschheit erwachte, da wurde der erste Mensch geboren, denn Adam, der Erdensohn, ist nur eine Wohnung für den wahren Menschen, Christus, den Sohn des Lichts.

Nicht Adam, sondern Christus (der Gottmensch) ist der erste Mensch, den Gott erschaffen hat, denn er war bei der Schöpfung des Menschen als ihr letzter Zweck im Voraus bezweckt.[6)]

Der Zweck der Schöpfung war, dass die Natur Tiermenschen hervorbringe, in denen der Gottmensch wohnen kann; oder mit anderen Worten:

Seit Adams Fall müssen alle Kreaturen, die aus Gott geflossen sind (die „Götter" mit eingerechnet) mit allen ihren Kräften dahin wirken, wie sie einen Menschen hervorbringen, der wieder (nach erlangter Erkenntnis) in jenen Zustand der Harmonie gelange, in welchem Adam vor

---

1) 678,36.
2) 591.34.
3) 289,9.
4) 514,34.
5) 674,2.
6) 150,23.

dem Falle war, und der alle Menschen wieder in dieselbe Herrlichkeit zurückversetze, die sie in menschlicher Natur besaßen. Das ist in Christo vollbracht, und in diesem Sinne sind alle Kreaturen ein Mensch, und dieser Mensch ist Gott.[1)]

Um Christus zu erkennen und durch ihn zur Unsterblichkeit zu gelangen, dazu nützt kein Glaube an einen einmal da gewesenen historischen Christus, sondern der Mensch muss selbst eins mit der Gottheit in der Menschheit werden, um den Gottmenschen in ihr und in sich selbst zu erkennen.

In dieser Geburt Christi sind wir alle eins. Hätte Gott tausend Söhne, sie müssten notwendigerweise alle ein einziger Sohn sein. Gott kann nur einen einzigen Sohn haben, wie er nur eine einzige Vernunft hat (oder ist).[2)]

Wir alle sind ein einziger Sohn, den der Vater von Ewigkeit geboren hat, aus dem unaufgeschlossenen Verstände der ewigen, unergründeten Tiefe, noch ungeschieden von der letzten Ursache der ursprünglichen sich selbst genügenden Einfachheit.[3)]

Alles bloß Äußerliche hat für das Innere keinen Wert und deshalb sollen wir nicht in einem äußerlichen Bilde oder in einer historischen Persönlichkeit unsere Zuflucht suchen, sondern in Gott, d. h. in unserer Gottesnatur.

Christus ist für uns das Vorbild dessen, was auch wir werden sollen und zu werden die Macht haben. Die Einheit mit Gott ist auch bei den Nazarenern hauptsächlich in den obersten Kräften der Seele zu suchen (Buddhi-Manas); sie wirkt sich aus in den niederen Kräften (Kama-Manas) und im Leibe vermittelst endlicher Tätigkeit. Mit seinen obersten Kräften hat er sich nicht einen Augenblick von der Anschauung der Herrlichkeit Gottes abwenden lassen, trotz aller endlichen und besonderen Wirkungen seines Verstandes und aller körperlichen Leiden.[4)]

Weil in ihm Christus so mit der Natur des Vaters vereinigt war, dass er sich nicht auch nur einen Augenblick von dem väterlichen Wesen der Gottheit abwenden konnte; so wirkte er alle seine Werke aus dem Wesen und in das Wesen, das allen Dingen ihr Wesen gibt.[5)]

---

1) 497,11.
2) 167,9.
3) 286,21.
4) 193,8.
5) 583,32.

An ihm sehen wir, wessen die menschliche Natur fähig ist und welche Herrlichkeit wir erreichen können, wenn wir werden wie er. Christus war seinem Wesen nach (wie auch wir alle) nicht eine einzelne menschliche Form, sondern seine menschliche Natur ist der reine Gattungsbegriff der Menschheit, in welchem alle menschlichen Personen mit umfasst sind. Indem sich Gott in ihm mit der menschlichen Natur vereinigte, hat er die ganze menschliche Gattung verherrlicht. Christus sitzt zur Rechten des Vaters, d. h., er sitzt nirgends. Das Geringste an ihm ist allenthalben, das Höchste ist nirgends. Sitzen heißt ruhen, wo es keine Zeit gibt.[1)]

Ebendahin sollen auch diejenigen gelangen, die mit ihm auferstanden sind. Er ist „aufgefahren zum Himmel", d. h., er hat seine Menschheit versöhnt, indem er sie der Zeit entnommen und sie in die Ewigkeit versetzt hat.[2)]

Können wir nicht ein Mensch, sondern der Mensch werden, so haben wir von Gnaden alles das, was Christus hatte von Natur, denn da erfassen wir uns in derselben freien Totalität menschlicher Natur, die durch die Vereinigung mit dem ewigen Worte der Sohn des Vaters geworden ist. Dazu gehört, dass wir von allem Negativen scheiden, denn das Negative ist der Grund des Unterschieds und bewirkt, dass wir nicht der Mensch sind.[3)]

Alles dies ist nichts anderes, als was schon vor Jahrtausenden die indischen Weisen, wenn auch mit anderen Worten und Ausdrücken lehrten. Shankaracharya sagt: „Die erste Bedingung der Erlangung der Gotteserkenntnis (Theosophie) ist der Besitz der folgenden vierfachen Gnadenskraft:

1. Nitya anitya vastu viveka.
2. Iha amuthra phala bhoga virâga.
3. Shama âdi shat sampatti.
4. Mumukshu twam.

D. h. **1.** Die Fähigkeit, das Wahre und Unsterbliche vom Schein und Vergänglichen zu unterscheiden.

1) 117,1. 2) 244,31. 3) 158,12.

2. Mit der Selbstverleugnung auch zugleich allem Verlangen nach Belohnung oder Erfüllung persönlicher Wünsche zu entsagen.

3. Der Besitz der sechs Tugenden: Ausdauer, Selbstbeherrschung, Begierdenlosigkeit, Sammlung, Abgeschiedenheit und Glaube.

4. Die Realisierung des Willens.

Das wahre Christentum besteht in der völligen Ergebung in Gott, im Entsagen nicht nur des Besitzes oder vielmehr des Wunsches nach dem Besitze irdischer Güter, sondern in der Entsagung vom eigenen persönlichen Selbst und einem Aufgehen dieses Selbstes in der Gottheit (Nirwana). Die äußerliche Kirche dagegen und das gewinnsüchtige Christentum sind nicht auf diesen Felsen gebaut, sondern haben als Grundlage geradezu das Gegenteil, nämlich die Eigenliebe und Selbstsucht des persönlichen Menschen, dem sein Selbst (oder was er für sein „Selbst" hält) über alles geht, und dessen Vorteil im „Jenseits", wenn nicht im „Diesseits", er sichern will, und da, wie wir sehen, in der Kirche wohl die Entsagung theoretisch gelehrt, aber stets die Gewinnsucht praktisch geübt und auf sie spekuliert wird, so ist auch der Glaube an das unpersönliche göttliche Ich und mit ihm die Fähigkeit der Unterscheidung zwischen dem Sein und dem Nichtsein, wie auch das Verständnis für tiefere Religionsgeheimnisse verloren gegangen, und es wäre wohl zu wünschen, dass ein neuer Eckhart käme, um – nicht das Christentum – sondern dessen Irrtümer und Auswüchse zu beseitigen.

Um zur Vollkommenheit zu gelangen, muss der Mensch ein Universaldasein (Allgegenwart) in „Christus", dem Gottmenschen, erlangen. Dies kann er nur dadurch tun, dass er seiner Beschränktheit (Persönlichkeit) entsagt und zum unpersönlichen Gottmenschen wird. Wer die Täuschung des beschränkten Selbsts in diesem gegenwärtigen Leben nicht los wird, der kann, wenn er gut, fromm und tugendhaft ist, auch nach dem Tode des Körpers sich dieser Täuschung im Himmel erfreuen, muss aber wieder zu einem neuen Dasein auf die Erde zurückkehren, bis dass er endlich die Nichtigkeit des Begriffes des Sonderseins erfasst und diese falsche Vorstellung aufgegeben hat. Diese Rückkehr oder Wiederverkörperung ist selbstverständlich keine von einem anderen Wesen über ihn verhängte Strafe, sondern das Gesetz seiner Natur. Solange er in der Beschränktheit ist, ist er in ihr, sei er nun auf Erden oder im Paradies.

Diese Lehre von der Reinkarnation ist nicht nur ein Hauptbestandteil der indischen Religionswissenschaft, sondern, wer sie einmal versteht, der findet sie auch in Eckhart und in allen christlichen Mystikern; sie ist aber schwer mit einigen kurzen Worten zu erklären, denn um sie richtig zu erfassen, sind eine Menge falscher Auffassungen zu beseitigen. Es ist weder Gott selbst, noch die Persönlichkeit, welche sich reinkarniert, sondern der eine von Gott, dem höheren Selbst (Atma), der geistigen Sonne, ausgesandte individuelle Strahl, welcher eine menschliche Erscheinung auf Erden hervorbrachte und dieselbe beseelte, kehrt nach dem Tode und nachdem er die nach dem Tode des Körpers eintretenden Zustände (Kama-loka, Devachan etc.) überdauert hat, wieder in „Gott“ zurück und „Gott“ bildet aus ihm einen neuen Strahl, der wieder eine neue menschliche Erscheinung auf dieser Erde oder einem anderen Planeten hervorbringt. Diese neue Erscheinung ist ein neuer Mensch und dennoch in gewisser Beziehung der vorige oder vielmehr das Produkt des vorhergehenden und sein „Sohn“, denn es sind in dem individuellen Strahlen, der ihn belebte, die geistigen Fähigkeiten, Talente, „Belohnungen und Strafen“ (Karma) enthalten, welche er sich als sein eigener „Vater“ im früheren Dasein geschaffen hat. Dass diese Lehre nicht in ihren Einzelheiten in Eckharts Lehren erklärt ist, wird darin seine Ursache haben, dass ihm der Schlüssel hierzu, die siebenfache Konstitution des Makrokosmos und Mikrokosmos abging, oder dass, wenn er dieselbe kannte, er es doch nicht für zweckmäßig hielt, sie dem öffentlichen Unverständnis preiszugeben. Er sagt:

Wenn die Seele vom Leibe abscheidet, das ist ihr (der Persönlichkeit) letzter Tag, und einen höheren Standpunkt von Gotteserkenntnis, als sie in diesem Zeitpunkte erreicht hatte, wird sie nimmer erreichen.[1)]

Die Aufgabe des irdischen Lebens ist, alle Kräfte der Seele und des Leibes allmählich durch Übung und Gewöhnung mit dem göttlichen Prinzip zu durchdringen. Nach diesem irdischen Leben aber fließt die Seele in ihren natürlichen Ursprung zurück, aus dem sie ausgeflossen ist, und je mehr sie sich ledig gehalten hat von zeitlichen Vorstellungen und Kreaturen, desto gottähnlicher fließt sie in Gott wieder ein.[2)]

Die Seligkeit ist nichts anderes, als der Genuss dieses Gottähnlichsein; sie besteht in der reinen Anschauung Gottes (des göttlichen Selbstes) Der Seele, die in der Gottähnlichkeit und in ihrer herrlichen

1) 639,18. 2) 413,32.

Anlage verharrt, und von einem Gute zum andern fortschreitet, wird im Augenblicke, wo sie vom Leibe scheidet, das ewige Leben aufgetan; da wird sie von einem göttlichen Lichte umfangen, in Gott verpflanzt und in ihn hineingebildet. Jede Kraft der Seele erhält dann das Ebenbild der göttlichen Personen, der Wille das Ebenbild des Heiligen Geistes, die Vernunft das Ebenbild des Sohnes, das Gedächtnis das des Vaters und der göttlichen Natur, und zugleich bleibt sie doch ein ungeteiltes Ganzes.[1)]

Derjenige „Teil“ oder diejenige „Region“ der Seele, welche Gotteserkenntnis erlangt hat, kehrt deshalb nicht wieder zur Erde zurück; sie ist die Wurzel des „heiligen Feigenbaumes“, dessen Zweige sich über die ganze Erde erstrecken; aber die „Zweige“, d. h. die niederen Seelenkräfte, tauchen wieder ins Meer des äußerlichen Lebens in der Erscheinungswelt ein und fassen neue Wurzel in der Erde, mit der sie verwandt sind und zu der sie sich angezogen fühlen; während der in Gott ruhende Teil sein Licht über sie leuchten lässt. „Gott“ (die ewige Einheit) ist nicht nur das Ziel, sondern auch der Ursprung aller Evolution; aus ihm kommt alles hervor und kehrt wieder in ihn zurück.

Gott ist alles und alles ist Gott. Er ist der Vater aller Dinge, denn er ist ihre Ursache. Seine Natur ist die Mutter aller Dinge; denn sie bleibt bei der Kreatur und erhält sie in ihrem Wesen. Gott gibt der Natur alles, Form und Materie.[2)] *Er ist das Zentrum aller Dinge.*[3)] *Er wirkt alle seine Dinge, sodass sie in ihm immanent bleiben.*[4)]

Wenn deshalb Gott oder vielmehr das göttliche Licht (die Seele) in einer neuen Erscheinung (Verkörperung) als Mensch auf der Erde erscheint, so hindert das die Seele nicht, auch zugleich in Gott zu sein, da ja das göttliche Licht, ihr eigenes wahres Selbst, der Boden, in dem sie wurzelt, ihr eigenes wahres Wesen ist. Dass aber Eckhart unter „Gott“ das eigene wahre Wesen, das Selbst, welches niemand unterworfen ist, versteht, geht auch aus Folgendem hervor:

Wie Gott in allen Dingen das Wesen ist, das lässt sich sehr wohl begreifen, wenn wir statt „Gott“ das Wort „Wesen“ setzen. Als Wesen ist Gott in allen Dingen.[5)] *Gott hat alle Dinge in einer vollkommenen Form*

1) 386,28.
2) 610.29.
3) 273.5.
4) 466.24.
5) 613,13.

in sich.[1] *Darum sind alle Dinge in Gott edler, als sie an sich selber sind. Aber nicht mit seiner Persönlichkeit ist Gott in den Dingen und nicht mit seiner Natur. Person und Natur sind eins im Wesen, und so als Wesen ist Gott an allen Stätten und an jeglicher Stätte ist Gott ganz.*[2] *Er ist das Wesen aller Kreaturen; das Wesen, welches aller Kreaturen Wesen in sich hat.*[3]

Dieses Eine Wesen aber ist die Seele selbst, wenn sie sich selber erkennt. Sie ist das Höchste (Atma) und es ist nichts über ihr.

Der Mensch kann sich selber wollen in seiner Endlichkeit; Gott muss sich selber wollen und kann nichts anderes wollen als sich selbst. Deshalb ist all sein Wille mit Notwendigkeit dahin gerichtet, alles Endliche in sich zu bekehren, in der menschlichen Seele sich hervorzubringen, vermittelst derselben alle Dinge in sich zu vereinigen.[4] *Empfängst du von Gott deine Menschheit, so empfängst er von dir seine Gottheit.*[5]

Die Lehre von der Reinkarnation der göttlichen Seele des Menschen bildet einen der Grundpfeiler der christlichen Religion, und wer sie einmal richtig erfasst hat, findet sie in der Bibel und in der christlichen Symbolik dargestellt. Dreimal fällt Jesus auf seinem Wege nach Golgatha. D. h., in jedem Menschen trägt die Seele das Kreuz des materiellen Daseins mit seinen Leiden nach dem schwer zu erklimmenden Berge der Selbstentsagung und der Verklärung in Gott. „Dreimal" fällt sie, d. h., sie ist in der Vergangenheit in die Materie gefallen, fällt noch immer ins irdische Dasein und wird auch in Zukunft fortfahren, sich im materiellen Dasein zu „reinkarnieren", bis dass sie den Gipfel erreicht, den Eigenwillen gekreuzigt, die Illusion des „Selbsts" aufgegeben hat, dem Scheinleben abgestorben ist und das göttliche Dasein erlangt hat. Dann erst kann sie sich sagen: „Es ist vollbracht!", d. h.: „Ich habe den Zweck meiner Pilgerfahrt mit ihren vielen Stationen, die göttliche Vollkommenheit durch das Aufgeben des Egoismus erlangt"

Damit aber die Seele (Buddhi-Manas) sich reinkarnieren kann und ihre Individualität beibehält, dazu ist die Auferstehung des Fleisches eine absolute Notwendigkeit; denn unter „Fleisch" wird die niedere Seele

1) 321,14.
2) 389,24.
3) 83,7.
4) 614,1.
5) 201,32.

(Kama-Manas) und nicht der Kadaver verstanden. Das „Fleisch", welches der Seele auf ihrem Wege anhängt, ist gebildet durch die materiellen Begierden, persönlichen Neigungen, Erinnerungen, Sinneseindrücke usw., welche dem niederen Astralkörper (Kama-rupa) angehören. Aus diesen bildet sich das Gewand, welches die Seele bei ihrem neuen „Fall" in die Materie anzieht, und auf diesem Plan wird durch die Hand der Natur der neue auf Erden geborene Mensch aufgebaut, um sich weitere Erfahrungen auf seinem Kreuzgange zu suchen, bis er endlich zur göttlichen Weisheit gelangt.

Dass aber alle diese göttlichen Wahrheiten dem oberflächlichen und beschränkten Verstand eines Menschen, der sie nicht begreifen will und nicht fassen kann, nicht mit ein paar Worten zu seiner Zufriedenheit erklärt und auseinandergesetzt werden können, bedarf keiner Versicherung.

Deshalb werden sie für solche Menschen auch stets Geheimnisse bleiben und solche Menschen werden es bequemer finden, das, in dem sie nichts sehen können, als wertlos zu verwerfen, statt darnach zu trachten, den Schleier zu lüften, der ihre eigene Gottheit vor ihren Blicken verhüllt. Die Erkenntnis des geistigen Menschen ist eine ganz andere, als diejenige des wissenschaftlichen Beobachtens in der sinnlichen Welt. Theosophie ist die exakte Wissenschaft auf dem Gebiete des göttlichen Geistes. Wie es aber keine exakte materielle Wissenschaft geben kann, wo keine Fähigkeit des Anschauens und des Beobachtens vorhanden ist, so muss auch auf geistigem Gebiete erst die Fähigkeit der geistigen Anschauung vorhanden sein, ehe von einem exakten geistigen Wissen die Rede sein kann. Ohne diese ist alles materielle und geistige Wissen nur Schwärmerei und Träumerei. Die einzige Richtschnur ist die Vernunft.

Die oberste Vernunft ist das ursprüngliche Wesen und das Ziel aller Entwicklung der Seele. Alle Kräfte der Seele sind Knechte dieser Vernunft, um sie über die niedrigen Dinge zu erheben und ihr emporzuhelfen in den Ursprung. Steht nun die Seele vor ihrem Ursprung, so bleiben die Kräfte draußen, und sie steht da, nackt und namenlos, aller Bestimmtheit entkleidet. Dieser oberste Teil der Seele ist über die Zeit erhaben und weiß so wenig von der Zeit als von dem Leibe. Vergangenheit, Gegenwart und Zukunft ist da eins. In Ort und Zeit erkennt das Tier, der Mensch aber über Ort und Zeit. Das Jetzt, der kleinste Zeitteil, hat noch immer etwas von Zeit an sich; es ist der Zeit verwandt und grenzt an die Zeit. Deshalb muss es hinweg. Ebenso ist es mit dem Raum. Was jenseits des Meeres ist, ist der Seele ebenso gegenwärtig, als was hier zur Stelle ist. Es ist die Länge ohne Länge und Breite ohne Breite; alle Zeit heißt über Zeit, wo es weder ein Hier noch ein Jetzt gibt. Alles Denken geschieht in der Zeit; das wahre Erkennen dagegen schaut alles in einem Nu. Etwas besonderes sein oder haben, heißt: nicht alles sein oder haben. Scheide alle Besonderheit ab, so bist du alles. Nichts hindert daher die Seele so sehr an der Erkenntnis Gottes, als Zeit und Ort. Zeit und Ort sind Teile, und Gott ist Eins. Darum soll die Seele Gott erkennen, so muss sie ihn (sich selbst) über Zeit und Raum erkennen; denn Gott ist weder dies noch das, wie diese mannigfaltigen Dinge. So erfasst diese Kraft alle Dinge in ihrer Wahrheit, nichts ist ihr verhüllt, auch Gott selber nicht in seinem eigenen reinen Wesen.[1)]

Da der Religionsunterricht heutzutage immer spärlicher betrieben wird, und wo er stattfindet, im Allgemeinen auf verkehrten Grundlagen beruht, so ist es auch leicht erklärlich, weshalb im modernen Kirchentum wenig von der wahren Gotteswissenschaft zu finden und das moderne Christentum fast ganz zu einer bloßen Modesache heruntergesunken ist, die noch dazu nach und nach aus der Mode zu kommen droht, während der Unglaube, Skeptizismus, Materialismus, Anarchie usw., überhandnehmen, wo ihnen nicht die Vernunft eine Grenze setzt.

Die dritte Klasse der Anhänger der Kirchen rekrutiert sich aus Leuten, die überhaupt nichts von sich selbst, von Gott und Religion wissen, sondern sich bloß aus äußerlichen selbstsüchtigen Gründen den Schein geben, Christen zu sein. Sie wissen nicht, weshalb sie überhaupt auf der Welt sind, oder was der Zweck ihres Daseins ist. Diese Klasse verdient keine weitere Betrachtung; sie sind dem Tierreiche entsprungen und kehren zum Tiere wieder zurück; der wirkliche Christ aber fühlt, auch ohne dass es ihm gesagt wird, dass seine Seele, wenn sie auch mit einem tierähnlichen Körper verbunden ist, dennoch einen viel höheren Ursprung hat. Er weiß, dass er ein Sohn des Lichtes und aus dem Lichte entsprungen ist. Als erkenntnisloser Geist verließ er seine ewige Heimat und wurde durch sein Suchen nach Erkenntnis auf die Erde gebannt, um dort Erfahrungen zu sammeln und als selbsterkennender Geist wieder zur ewigen Heimat zurückzukehren. Diese durch die Vereinigung mit Gott zu erlangende Erkenntnis wird Yoga genannt.

---

1) 57,23 – 297,23 – 156,20 – 142,38 – 98,18 – 0,4 – 105,13 – 121,35 – 162,8 – 222,24 – 297, 23,34.

Wiedergeburt

Nehmt die Gottheit auf in eurem Herzen,
Und sie steigt herab vom Weltenthron.
(Schiller)

Es gibt wohl schwerlich einen denkenden Menschen, der nicht ein Interesse daran findet, dasjenige, was in ihm unsterblich ist, kennenzulernen, sobald er einmal weiß, dass die Möglichkeit, es kennenzulernen, vorhanden ist. Für niemanden hat die Welt des vergänglichen Scheines soviel Anziehung, dass er vom wirklichen ewigen Sein nichts wissen wollte, wenn er nur fähig wäre zu begreifen, dass der bloße Schein nicht die Wahrheit und Wirklichkeit ist. Worin aber besteht die Unsterblichkeit?

Alles, was nicht bloße Erscheinung ist, ist unsterblich. Selbst die Materie, abgesehen von den Formen, unter denen sie erscheint, ist unsterblich. Es geht im Universum kein Atom von Substanz oder Energie verloren; sie verändert sich bloß und tritt heute als dieses, morgen als jenes auf. Die Materie, welche dem Dasein eines Steines, eines Baumes, eines Tieres, eines Menschen zugrunde liegt, ist unsterblich; aber der Stein, der Baum, das Tier wissen nichts davon, sie sind sich ihrer Unsterblichkeit nicht bewusst, und ein Mensch, der sich seiner Unsterblichkeit nicht bewusst ist, hat ebenso wenig einen Genuss davon, als wenn er rechtmäßiger Eigentümer eines Vermögens wäre, ohne es zu wissen. Die Unsterblichkeit an sich ist ein Nichts, solange man sich ihrer nicht bewusst ist; erst wenn der geistig erwachte Mensch sich selbst als unsterblich erkennt, hat das unsterbliche Dasein sich in ihm verwirklicht. Ohne diese Verwirklichung ist alles Spekulieren und Fantasieren von der Unsterblichkeit des Menschen nichts als ein leerer Traum.

Diese Erkenntnis des eigenen unsterblichen Selbsts findet nirgends anders statt, als im wahren inneren Selbstbewusstsein des Menschen; erst wenn der Mensch sein wahres göttliches Selbst gefunden hat, erst dann erkennt er in Wahrheit sich selbst, und solange er sich selbst nicht erkennt, ist all sein Erkennen, all seine Gelehrsamkeit, all sein Wissen, das äußerlicher Beobachtung oder dem äußerlichen Unterrichte entspringt, nichts als ein leerer Schein. Das Wissen erlangt erst dann einen wirklichen Wert, wenn dasjenige, was man zu wissen glaubt, ins Dasein getreten ist, und der Mensch tritt erst dann ins wirkliche Dasein, wenn er sein wahres Selbst, Gott, in allem erkennt.

Dieses wahre Selbst oder Selbstbewusstsein, dessen Erkenntnis „Theosophie“ oder Gotteserkenntnis genannt wird, kann kein Mensch einem anderen zeigen, erklären oder beweisen; wer sich selbst kennenlernen will, muss sich selbst suchen und finden. Auch ist da nichts auseinanderzusetzen; denn Gott ist nichts Zusammengesetztes, sondern alles in allem. Wir können nur sagen, was Gott nicht ist, nicht aber, was er ist. Wenn wir ihn einmal erkannt haben, so können wir sagen, er ist er selbst, er ist unsterblich, unendlich, unermesslich usw. Wir können sagen, Gott ist die Liebe; aber wer weiß, was die Liebe ist, ausgenommen derjenige, der sie hat und erkennt? Deshalb ist die göttliche Liebe, die göttliche Selbsterkenntnis und Gott in allem das wahre Selbst.[1)]

Eckhart sagt:

Gott ist das absolute Wesen, umfasst in sich alles, was ist. Seine Eigenschaft ist Wesen, Gott erkennt nichts als allein das Wesen (die Wirklichkeit); er weiß nichts als Wesen, er liebt nichts und denkt nichts als sein Wesen. Er ist die lebendige, seiende, substanzielle Vernunft, die sich selber versteht, in sich selber ist und lebt und mit sich selber identisch ist. Verstehen wir Gott als Wesen, so verstehen wir ihn in seinem Vorhof; sein Tempel ist die Vernunft. Gott ist die Vernunft, welche da lebt in Selbsterkenntnis, in sich allein bleibend, wo ihn ein etwas Äußeres berührt. Da ist er allein in stiller Ruhe und erkennt sich selber in sich selber.[2)]

Die Bezeichnung „Gott“ bezieht sich aber nicht auf das Absolute. Dies wird die „Gottheit“ genannt. Gott als das Absolute betrachtet ist der Grund, aus dem Gott und alles entspringt:

---

1) „Er ist Brahm. Er ist auch der ganze Körper und die Seele, er ist die Grenze und das Ende von allem. Er ist nicht das verschiedenartige Wissen; er ist die Form des Wissens, welches alles umfasst; er ist allgegenwärtig, er selbst ist von sich selbst (und von nichts, das nicht er selbst ist) erfüllt. Die Nichtwissenden wähnen, er sei nicht; das Nichtsein kommt ihm nicht zu; er ist ewig, ihn können sie nicht das Nennen und nicht das Nennende und nicht das Genannte nennen, denn alles Nennen ist von ihm; er ist alles; er ist von allen Eigenschaften frei und unabhängig; es steht kein höheres Wissen über ihm; er ist erhabener als alles Erhabene; er tritt nicht in das Denken ein und es gibt keinen Menschen, welcher ihn nicht (wenn er ihn erkennt) als das Wahre erkennt. Die Wissenden erkennen ihn als den Ursprung aller Dinge, das große Licht.“ (Atharva Veda)

2) 262,37 – 188,29 – 269,35 – 527,12.

Dieser Grund ist eine einfache Stille, die an sich unbeweglich ist, aber dieses Unbewegliche ist der Grund aller Bewegung und alles vernünftigen in sich versenkten Lebens. Die Vernunft durchdringt mit ihrem Blicke alle Winkel der Gottheit; sie ergreift den Sohn im Herzen des Vaters und in dem Grunde und trägt ihn in ihren eigenen Grund. Sie dringt vorwärts, sie ruhet nimmer, sie dringt in den Grund, aus dem Güte und Wahrheit entspringt, sie erfasst es im Prinzip, in dem Anfang, aus dem Güte und Wahrheit stammen, ehe sie entspringen, in einem viel höheren Grunde als Güte und Weisheit ist. Sie hat das Vermögen, alles zu erkennen, deshalb ruht sie nicht, bis sie den höchsten Begriff erreicht, in welchem alles Eins ist. Wo die Seele in das erste lauterste Prinzip, in die Form der abstrakten Wesenheit umgewandelt wird, da findet die reine Erkenntnis statt. Die Seele (das Selbst) schwingt sich empor in die Einfachheit über alle Dinge hinaus in das Unerkennbare. Gestaltlos stürzt sie sich in den gestaltlosen Gott.[1)]

„Gottes (Brahmas) Eigenschaft ist Wesen, aber die Gottheit (Parabrahm – Ubergott) ist auch über alles Wesen erhaben. Gott als das Absolute ist weder Wesen noch Vernunft. Er ist weder dieses noch jenes, sondern alles in allem, denn in Gott ist alles in einer höheren und allgemeineren Form, unwesentliches Wesen; das absolute Sein, welches zugleich Nichtsein in Bezug auf etwas anderes ist, es liegt über Gott und jeden Unterschied hinaus. Es ist nicht richtig, Gott irgendeine Eigenschaft beizumessen; denn setze ich zu Gott noch etwas anderes, so ist es ein fremdartiger Zusatz und ich setze zu Gott einen Abgott. Gott, die oberste Ursache (das Selbst, Atma), ist weder Licht noch Finsternis; Gottes Natur ist, ohne Natur zu sein. Alles abgeschieden, abgezogen und abgeschält, dass nichts bleibt als ein einziges „Ist“, das ist sein eigentlicher Name. Was wir von der letzten Ursache verstehen oder aussagen, das sind wir selber viel mehr, als es die letzte Ursache ist, denn sie ist über Sprechen oder Verstehen. Hätte ich einen Gott, den ich (intellektuell) verstehen könnte, ich wollte ihn nimmer für einen Gott halten.[2)]

Gott ist nur eins in Allem und alles in Einem, folglich ist er auch in jedem Menschen dessen innerstes Wesen und Selbst, und alles, was an

---

1) 139,33 – 144,32 – 59,16 – 99,4,12 – 540,17,26.

2) 263,10 – 282,30 – 268,35 – 82,28 – 283,38 – 659,17 – 590,4 – 108,31 – 318,31.

einem Menschen nicht Gott ist, ist nicht wahrhaft und wirklich, sondern nur Schein.[1)]

Gott ist ein lauteres, ungemischtes, klares Eins ohne alle Zweiheit. Er ist sich selber ein Nichts und ein Nichts dem Inbegriff aller Kreaturen; aber in ihm ist kein Gegensatz; er ist die umfassendste Einheit alles Positiven. Die Einheit Gottes ist ohne Grund, d. h., sie ist vielmehr ihr eigener Grund. Sie ist ein Ursprung der grundlosen Tiefe (des Selbstbewusstseins), ein Dach der unbegrenzten Höhe und ein Umkreis der unbegreiflichen Weite. Die Gottheit hat nichts, will und bedarf nichts, wirkt nichts und begehrt nichts. Sie überlässt alle Dinge Gott. Gott wirkt, die Gottheit ist, aber sie wirkt nicht. Sie ist der stille Grund, die unbewegliche Ruhe. Gott wird und vergeht, die Gottheit bleibt in sich selbst verschlossen in ihrer Offenbarung; sie teilt sich nicht mit und erscheint nicht; sie bezieht sich auf nichts als auf sich selbst. In sich selbst wohnend ist sie die Finsternis, in die kein Wahrnehmen und kein Erkennen dringt. Da hört alle Persönlichkeit, Licht und Finsternis, Materie und Form auf.[2)]

Die Einheit (das Selbst) kann sich nicht selbst offenbaren. Das ist Gottes Unvermögen und zugleich auch sein höchstes Vermögen. Das absolute Wesen Gottes ist Einheit. Was die Einheit nicht selbst offenbaren kann, das hat die Dreieinigkeit geoffenbart, und zwar alle drei in gleicher Weise, wegen der Einheit des Wesens, welches ihr eigenes natürliches Wesen ist.[3)]

Deshalb bedarf Gott zu seiner Selbstoffenbarung seiner Natur.

Die Natur ist ein Ausstrahlen der Gottheit; das Wesen ist der in seiner eigenen Tiefe verbleibende Grund dieses Ausstrahlens. Dass wir Gott Materie, Form und Tätigkeit zuschreiben, kommt von unserer Gebundenheit an die einer geistigen Anschauung unfähigen Sinne her. Die

---

1) „Der Herr, der in den Herzen von allen wohnt, bringt beständig alle Dinge durch seine Allmacht nach ewigen unabänderlichen Gesetzen hervor. Nimm deine Zuflucht in ihm mit deinem ganzen Wesen. Dann wirst du durch seine Stärke den höchsten Frieden, das göttliche Dasein erlangen." (Bhagavad Gita, XVIII, 61,62)

2) 380,28 – 560,30 – 321,6 – 525,31 – 532,30 – 527,23 – 389,2 – 528,24 – 529,3 – 517,2.

3) Sobald in dem Selbst die Selbsterkenntnis eintritt, so ist das Selbst keine Einheit mehr, sondern eine Dreieinigkeit, in welcher das erkennende Selbst, das erkannte Selbst und die Selbsterkenntnis zu unterscheiden ist.

höchste Betrachtung Gottes muss sich aller solcher Unterscheidungen entschlagen, um die reine unterschiedslose Einheit zu erreichen.[1)]

Gott entäußert sich und fließt wieder in sich selbst zurück; das ist seine Geschichte. Das ewige Werden ist das Werk der ewigen Natur; darum ist es ohne Anfang und ohne Ende. Das Wesen ist die umfassende Einheit aller Dinge; es hat aller Dinge Formen in sich in Einfachheit und dem Wesen nach, und vermittelst dieses einfachen Bildes wohnt es allen Dingen inne. Die Dinge haben teil am Wesen, aber nicht an der göttlichen Natur (dem Selbstbewusstsein); Wesen und Natur sind nicht getrennte, für sich bestehende Dinge; im Absoluten sind sie Eins; das Absolute ist des Wesens Wesenheit und die Natur der Natur. So sind auch im Menschen der Mensch und die Menschheit, die ihn zum Menschen macht, zu unterscheiden; ohne die Gottheit wäre Gott nicht Gott, und ohne die Menschheit wäre der Mensch nicht Mensch. Dennoch sind Gott und Gottheit, Menschheit und Mensch, Natur und Geist nicht voneinander getrennt existierende Dinge. Wären sie dies, so müsste das eine des anderen Ursache sein. So verhält sich auch das absolute Wesen (das Selbst) zugleich als ruhendes Sein und als die glanzvolle Dreiheit der Natur.[2)]

Wenn von göttlichen Eigenschaften die Rede ist, so kommen dieselben nicht Gott (dem Selbst), sondern der Form zu, in welcher Gott offenbar wird. Gott ist das wirkliche Sein. Ich kann aber kein anderes Sein erfahren als dasjenige, welches in mir selbst offenbar und verwirklicht wird. Ich kann nur mein eigenes Sein in seinem Grunde erfahren, und dieser Grund ist Gott; Gott erlangt seine Eigenschaften in mir. Ob mein Gott gut oder böse ist, das hängt davon ab, ob ich in meinem Innersten gut oder böse bin. Nicht in dem göttlichen Sein eines anderen, sondern in meinem eigenen Sein besteht meine Gottheit, die ich in mir selber erkennen kann. Das Leben eines anderen kann mich nicht selig machen; in mir selbst muss das Leben und die Seligkeit, die ich genießen will, sein. Die Form des Wesens ist des Wesens Offenbarung. Wird die Offenbarung des göttlichen Wesens in mir vollkommen, so bin ich selbst das göttliche Wesen, welches sich in mir offenbart.[3)]

---

1) 390,14 – 699,19 – 681,30 – 513,9.

2) 630,30 – 515,27 – 497,30 – 668 – 388.

3) 530,37 – 681,32.

Es ist in den Schriften Eckharts viel von göttlichen Personen die Rede. Unter diesen ist aber nicht etwas Beschränktes, so wie die Form eines Menschen, zu verstehen, sondern eine spezielle Form der Anschauung und Tätigkeit des alleinigen Wesens. Persona heißt Maske, und so sind auch Licht, Wärme und Leben nicht drei Personen in der gewöhnlichen Bedeutung dieses Wortes, sondern voneinander zu unterscheidende Offenbarungen einer einzigen Energie (des Akâsha).

„Das ungeborene Wesen, die Gottheit, genügt sich selber vollkommen und nimmt durch ihr Offenbarwerden weder zu noch ab; sie teilt sich keinem anderen mit. Durch die Selbstbeschauung wird die göttliche Natur zur Dreiheit, d. h., es entsteht in ihr Subjekt und Objektbegriff und die Erkenntnis. Der „Vater" ist die reine Vernunft, die sich vollkommen durchschaut; er selbst ist, als sein eigenes Objekt betrachtet, der „Sohn", und die Liebe zwischen Vater und Sohn, d. h. die Liebe Gottes zu sich selbst, ist das Wissen, die Erkenntnis, der „Heilige Geist". So haben die drei Personen nur ein einziges Wesen und sind nur als Anschauungsformen voneinander verschieden. Als „Personen" sind sie einander fremd; dem Wesen nach sind sie Eins.[1)]

Bei diesen Betrachtungen sollte man keinen Augenblick die Tatsache aus den Augen verlieren, dass es sich dabei nicht um einen äußerlichen oder fremden Gegenstand handelt, sondern der Gegenstand unserer Beobachtung und Untersuchung ist unser eigenes wirkliches Selbst. In uns selbst ist die Einheit und die Dreieinigkeit; in uns selbst muss die Gotteserkenntnis stattfinden; dann erst können wir Gott auch als Einheit und Dreiheit im großen Weltall erkennen.

Als Vernunft blickt der „Vater" auf sich selber, und durch die Selbstbespiegelung seines Wesens bildet er sich selber ab und muss sich selber aussprechen in einem sich daraus ergebenden selbstständigen Wesen. Darum wird das Wort ein „Sohn" genannt, eins mit dem Vater im Wesen, verschieden von ihm in der Form. Dieses Selbstbespiegeln in der Gottheit ist ewig; eben deshalb ist auch die Geburt des Sohnes ewig, und gleich im Anfange war das Wort mit Gott. Ohne diese Selbstbespiegelung bliebe nur ein Wesen ohne Erkenntnis übrig. Das Objekt des Erkennens ist das ewige Wort; Verständnis und Wort sind eins und dasselbe. Dadurch,

1) 528,24 – 608,9.

dass die Selbsterkenntnis ins Dasein tritt, wird die Gottheit als Vater und Sohn zugleich offenbar, und deshalb kann der Vater auch als ein Geschöpf bezeichnet werden, das sich selber geschaffen hat. Im Akte des Sicherkennens setzt sich das Selbst als sein eigenes Objekt, und indem es sich selbst als ein anderes sich selber vorstellt, unterscheidet es sich von diesem anderen als von einem anderen Selbst.[1)]

Dadurch wird im Sohne die Täuschung (Maya) der Selbstheit und Verschiedenheit von Gott geschaffen, welche immer mehr zunimmt, je mehr der Mensch ins materielle Dasein heruntersinkt, bis er endlich, auf der niedersten Stufe angekommen, ganz seine göttliche Wesenheit und deren Einheit mit Gott vergisst. Nun muss er erst wieder mühselig aufwärts klimmen, die Täuschungen überwinden, welche der Wahn der Zweiheit mit sich bringt, und sein Scheinselbst vergessen, um das wahre Selbst zu finden, bis er endlich, wenn er alle Vorstellung von „Selbst" überwunden hat, wieder zum Allbewusstsein, zum alles erkennenden alleinigen Wesen wird.[2)]

Der Sohn wird Wort (Logos) genannt, weil er aus Gott fließt, im Akte des Verstehens, und doch zugleich in Gott bleibt; wie das Wort die Entäußerung meines Gedankens ist, der doch zugleich in mir bleibt, und mir als Denkendem wesensgleich ist. Die Geburt des Sohnes ist ein ewiger Prozess. In demselben Augenblicke, in welchem der Sohn (der Gedanke) vom Vater (dem Willen) entspringt, kehrt er auch wieder in ihn zurück wegen ihrer Wesensgleichheit, und in diesem Wieder eingebären des Sohnes in Gott nimmt der Geist seinen Ursprung als die Liebe (Selbsterkenntnis), in welcher beide eins sind. Des Vaters Tätigkeit ist nichts anderes als dieses Gebären seines Sohnes (vermittelst seiner Natur.) Dieser Prozess ist ein ewiger, überzeitlicher und notwendiger, ein Werden, nicht ein Tun. Er entspringt nicht aus einem freien Entschlüsse Gottes, den er auch wohl unterlassen könnte, sondern er ist mit Gott zugleich als die Notwendigkeit seines Wesens gesetzt. Ließe er es einen Augenblick, so verleugnete er sich selbst. Nicht bloß einmal in der Vergangenheit geschah dieses Gebären, sondern es geschieht immerfort, wie auch das

---

1) 580,13 – 336,19 – 534,18.

2) Wer mich, den mächtigen Herrn der Welt, erkennt, der ich ungeboren und ohne Anfang bin, der wandelt ohne Irrtum unter den Sterblichen und ist frei von Sünde. Wer diese meine göttliche Erhabenheit erkennt, der hat die Einheit des Seins durch seine Ergebung in mich erlangt. (Bhagavad Gita, X 3, 7)

Schaffen. Der Sohn ist nicht einmal geboren worden, sondern wird vielmehr jetzt geboren, und dieses „jetzt" ist ein ewiges Werden; für Gott (das wahre Selbstbewusstsein) gibt es weder Zukunft noch Vergangenheit, kein Vorher und kein Nachher, und weil in diesem Geschehen alle Mannigfaltigkeit (der Erscheinungen) eigentlich nicht aus der Einheit des Wesens herausgeht und immer wieder in dieselbe zurückfließt, so wird dieser Prozess auch ein „Spiel" genannt. Der Unterschied der Kräfte hebt sich immer wieder in der Einheit des Wesens auf. So ist der Fluss in sich selber zurückgeflossen (und die Sonne erkaltet nicht).[1)]

Gottes Wesen und seine Natur ist die Liebe, aber Gott liebt nichts als sich selbst (es ist auch in Wirklichkeit nichts anderes da). Er ist auch die Güte, weil er in allen Dingen das Beste (sich selber) will. Wegen seiner Güte muss er aus sich herausgehen, denn der Güte Art ist, dass sie sich ergießen muss. Gott ist alles das, dessen Sein besser ist als das Nichtsein; alles, was die Begierde begehren mag, ist gar fremdartig und klein gegen Gott. Keine Wissenschaft der gelehrtesten Meister kann Gottes Wesen begreifen, nicht einmal, wie er sich in der aller geringsten Kreatur darstellt. In keinem Gedanken wird er erschöpft. Er ist die erste Ursache, darum teilt er sich allen Dingen mit; er ist von Wesen einfach, darum ist er das Allgemeinste; er ist sein eigener Ursprung, darum entspringen aus ihm alle Dinge; er ist unveränderlich, darum ist er das höchste Gut; er ist vollkommen, darum ist er das Unbegreiflichste. Wenn auch die Seele für Gott einen Ausdruck findet, die Wahrheit seines Wesens liegt doch nicht darin.[2)]

Diese Geburt des Sohnes Gottes findet statt in der Seele des Menschen, wenn die Seele des Menschen fähig ist, sie zu empfangen.

Dazu hat Gott die Welt geschaffen, dass sein eingeborener Sohn in ihr geboren werde. Warum ist alle Schrift geschrieben, und warum hat Gott des Engels Natur und alle Welt geschaffen, als darum, dass Gott in der Seele geboren werde? Der Vater liebt nichts als seinen Sohn (sich selbst). Nur darum, weil jeder von uns dieser Sohn werden kann, hat er uns von Ewigkeit her geliebt. Alle Vollkommenheit, Licht, Gnade und Seligkeit muss notwendigerweise mit dieser Geburt in die Seele kommen,

---

1) 421,1 – 285,15 – 673,1 – 670,5 – 160,15 – 120,28 – 336,31 – 250,25 – 437,27 – 672,27 – 528,35 – 540,36 – 387,38.

2) 134,29 – 507,12 – 124,29 – 11,34 – 169,24 – 313,32 – 112,33.

und auf keine andere Art. Infolge dieser Geburt wird der Mensch der Sohn Gottes selber. Gottes Sohn ist der Seele Sohn, und darin hat Gott und die Seele einen und denselben Sohn, nämlich Gott. Zwischen dem eingeborenen Sohn (dem Worte) und der Seele ist kein Unterschied. Gerade wie der ewige Sohn aus des Vaters Herzen quillt, so quillt er in einer von Gottesliebe erfüllten Seele. Gott allein (nicht der irdische Mensch) wirkt dieses Werk, und er wirkt es so geheim, dass weder Engel noch Heilige darum wissen, und die Seele kann nichts dazu tun, als dass sie stille hält.[1)]

Dadurch aber, dass diese Geburt in verschiedenen Menschen stattfindet, werden nicht mehrere Söhne Gottes geboren; ebenso wenig als mehrere Menschheiten erzeugt werden, wenn verschiedene Menschen die Menschheit in sich selber erkennen.

In dieser Geburt sind wir alle Eins. Gott kann nur einen einzigen Sohn haben (sich selbst), wie er nur eine einzige Vernunft (Selbsterkenntnis) hat. Jeder von uns hat an dieser Bestimmung auf gleiche Weise Anteil. Die Seele ist wie das Echo, welches den empfangenen Ruf in gleicher Weise zurückschallen lässt. Gott gebiert seinen eingeborenen Sohn in das höchste Teil meiner Seele (Buddhi-Manas), indem er seinen Sohn in mich gebärt, gebäre ich ihn wieder in den Vater.

In dem Worte, welches der Vater vermöge seiner Natur sprechen muss, spricht er meinen und deinen und eines jeglichen Menschen Geist in Gleichheit mit jenem Worte. In diesem Sprechen bist du und ich ein einziger Sohn aus Gottes Natur wie jenes Wort. Der Vater erkennt nichts als dieses Wort. In dieser Erkenntnis gibt der Gott sein Leben, sein Wesen, seine Gottheit, seine eigene Kraft. Auf diese Gnadenstufe erkennt der Vater keinen Unterschied zwischen dir und sich.[2)]

Diese Geburt ist allen gemeinsam, welche sich derselben zuwenden wollen, die zu ihr bereit sind und sie eifrig begehren. Aber auch einzig dieses Begehren ist es, was die Seele erfüllen soll, die sich auf jene Geburt vorbereitet. Zu dieser Geburt will und muss Gott eine freie unbekümmerte Seele haben, in der nichts sei als er allein, und die auf nichts achte als auf ihn. Das Werk ist Gottes; es gehört zu Gottes Natur, dass er nicht lassen

1) 401,5 – 104,30 – 159,30 – 9,39 – 401,15 – 266,5 – 101,3.

2) 167,9 – 268,21 – 290,34.

kann, sich in mir und in euch allen zu gebären, wenn wir uns seinem Werke nicht widersetzen.[1)]

Hierzu sagt die indische Lehre:

Zur Zeit, wenn „du und jenes" und „jenes und du" (d. h. der Unterschied zwischen Seele und Gott) verschwinden, und der Mensch sich Akâscha (Äther) ähnlich als den Allesumfassenden und Allesdurchdringenden erkennt; wenn er das von allem unabhängige und einheitliche, das reine Wesen kennt, so nennen sie ihn Atma (Selbst), und Maya, welches die Liebe ist, nennen sie ihn deshalb, weil die Liebe einen Anfang und ein Ende nicht hat, und in allem und ohne Alles ist; denn wenn die Erkenntnis eintritt, verschwindet die Liebe. (Atharva Veda.)

Ich bin die Seele, welche im Herzen eines jeden Geschöpfes ihren Sitz hat. Ich bin der Anfang, die Mitte und das Ende von allem. Was in allen Dingen ihr Samen ist, das bin ich. Es gibt nichts sich Bewegendes oder Unbewegtes, das ohne mich existiert. Wenn ein Ding herrlich, vorzüglich oder mächtig ist, so wisse, dass alles, was darin ausgezeichnet ist, aus meiner Kraft hervorging. Doch wozu dieses vielfältige Wissen? Ich offenbare das Weltall beständig durch einen Teil meiner Selbst. (Bhagavad Gita X, 20, 39, 41.)

Wer mich verehrt und meinen Geist erkennt, der kann Eins mit mir werden. (Bhagavad Gita XIII, 18.)

> Wenn das Erhabne staunt die junge Menschheit an,
> Spricht sie in hellem Traum: das hat der Gott getan.
> Und wenn sie zum Gefühl des Schönen dann erwacht,
> Bekennt sie freudig stolz: es hat's der Mensch vollbracht.
> Und wenn zum Wahren einst sie reift, wird sie erkennen:
> *Es tut's im Menschen Gott, der nicht von ihm zu trennen.*
> (Rückert.)

---

1) 483,24 – 14,19 – 620,29.

Die Seele

Und einen Zeugen nennen sie das Selbst (Atma) deshalb, weil der Wissende, das Wissen und das Erkannte sämtlich drei Geschaffene sind, die wieder hinfällig werden, und derjenige, welcher das Entstehen und Vergehen dieser kennt, der ist selbst nicht geschaffen und wird nicht untergehen; er ist selbst mit sich selbst, Licht und Leuchte.
(Atharva Veda)

Gott als Geist (Selbstbewusstsein) betrachtet, kann sich nicht für sich selbst offenbaren; dazu hat er seine eigene Natur oder Substanz (Prakriti) nötig. Die Substanz oder materielle Basis alles Daseins wird das Leben oder die Seele (die Gottesgebärerin) genannt.

In dem klaren Spiegel der Ewigkeit (der Seele der Welt), in dem ewigen Sichselbstwissen des Vaters (des Selbsts), da gestaltet er ein Abbild seiner selbst, seinen Sohn. In diesem Spiegel bilden sich alle Dinge (als Erscheinungen) ab und man erkennt sie darin; freilich nicht als Kreaturen, sondern als Gott in Gott. Der Vater (der Erkenner) hat aus nichts (aus sich selbst) alle Dinge geschaffen; der Sohn (das Erkannte) ist das Urbild alles Werdens; der Geist (die Erkenntnis oder Bewusstsein, Wille und Vorstellung) ist der „Zimmermann" und Ordner in der Ewigkeit und in der Zeitlichkeit. Im Sohne sind die Ideen aller Dinge enthalten, der Geist umschließt die ewige Weltordnung.[1)]

Um dies anschaulicher zu machen, fügen wir folgenden Auszug aus den Veden bei:

Jener Herr der Welt (Logos) ist offenbar, und die Welt ist in ihm verborgen; denn sie hat Namen und Gestalt, und da sie aus dem Herrn der Welt hervor ging, bleibt sie in dem Herrn der Welt und geht in den Herrn der Welt (Iswara) ein.

Das ursprünglich Geoffenbarte der Welt, welches das Selbst (Atma) ist, ist das Richtige und Wahre; aber Name (Individualität) und Gestalt (Beschränktheit) ist Täuschung und Unwirklichkeit. Wenn Name und Gestalt, welche Täuschung und Unwahrheit sind, in jenen geoffenbarten Geist (Atma) eintreten, so erscheinen sie auch als richtig und wahr; d.

---

1) 378,36 – 497,20 – 498,10.

h., obgleich Namen und Gestalt der Welt eine Täuschung sind, so erscheinen sie doch als das Wahre, und haben in Wahrheit ein Dasein nicht. (Dschedir Veda.)

Indem Gott sich selber anschaut, erfasst er sich als die Fülle der Ideen, der Urbilder aller Dinge (wie es auch Plato lehrte). Dieses ewige Anschauen seiner selbst ist die schaffende Tätigkeit Gottes, wie es das Gebären des Sohnes ist, und in dem Sohne (der Seele) sind daher alle Dinge geschaffen. Geburt heißt so viel wie Schöpfung. Darin besteht die Herrlichkeit Gottes, dass er tausend Welten schaffen könnte und doch über sie alle erhaben bleibt in seinem lauteren Wesen (wie ja auch der Mensch als Denker über alle Gedanken, welche er denkt, erhaben ist). Der Sohn erkennt alle Dinge nach ihrem Wesen, wie der Vater. Er hat die Bilder aller Dinge in sich und mit ihm gemeinsam die Allmacht über alles, was geschehen ist, geschieht und geschehen wird. Er ist die Einheit aller Kreaturen, und dieses ewige Hervorgehen der Kreatur aus Gott, die doch zugleich Gott innewohnend bleibt, wird als ein „Spiel“ des Sohnes bezeichnet, der vor dem Vater mit allen Dingen spielt. Es wird in der Tat nichts wesentlich Neues geschaffen (als die Form, welche an sich selbst ein Nichts ist); es bleibt bei der unendlichen Mannigfaltigkeit glanzvoller Bilder ohne wirkliche Unterschiedenheit (des Wesens) in sich und von Gott. Das Sprechen und Gebären ist ein Schaffen aus nichts (wobei eigentlich auch nichts Wesentliches geschaffen wird); es gibt keine Materie, aus welcher Gott etwas machte; er ist seine eigene „Materie“ und Form. Seine Form erzeugt sich selbst aus seiner Substanz, und nach dieser Form formt er alle endlichen Dinge. Aber seine einfache Natur ist formlos, im Werden ohne Werden, im Wesen wesenlos und in der Ursachlosigkeit ohne Ursache. Darum bleibt sie allem Werdenden fremd und alles, dem das Werden zukommt, findet dort sein Ende. Wie Gott (der Weltgedanke) ewig ist, so sind alle Dinge in ihm gewesen; aber sie waren nichts an sich selber. Vor der Erschaffung der Welt war er nichts für sie; sie wußten nichts von ihm; aber an sich selber war er ihnen ewig dasselbe, was er ihnen jetzt ist und ewig sein wird. Darum konnte keine Kreatur Gott offenbaren, solange sie selber nicht war.[1)]

Gott ist das absolute selbstseiende Eine, er erkennt nichts als sich selbst, aber dieses Erkennen umfasst die Erkenntnis von allem, was in

1) 241,8 – 503,26 – 101,35 – 534,22 – 528,36 – 497,32.

dem Einen ist. Gott könnte sich nimmer (gänzlich) erkennen, ohne alle Kreaturen mit zu erkennen (da in ihm alles enthalten ist). Er erkennt und liebt sich selbst in allen Dingen. In seiner Selbstwahrnehmung nimmt er alle Dinge wahr.

Indem Gott sich selber (seine Selbstheit) erschuf, erschuf er die ganze Welt; sobald er war, war auch die Welt (seine Vorstellung). In diesem Sinne war das Wort bei Gott, als von ihm unterschieden. Als die Welt noch ungeschaffen mit ihrem Wesen in dem Vater war, da war das Licht, d. h. die sich entäußernde Vernunft mit ihrem Blicke auf die Wesenheit der Welt gerichtet, wie sie in ungeschaffener Einfachheit, ohne alle Gestalt, im Vater stand.[1)]

Gott (der Erkenner) wirkt alle seine Werke mit Notwendigkeit; sein Wirken ist das Gebären seines Sohnes (sich selbst zu erkennen), den gebiert er allezeit. Er schafft die Welt ohne Unterlass; aber er bewegt sich deshalb nicht selbst und verliert nichts dabei. Als Gott Himmel und Erde und alle Kreaturen schuf, da ging dies seine ewige unbewegliche Abgeschiedenheit ebenso wenig an, als ob er nie Kreaturen geschaffen hätte. In Gott ist niemals ein neuer Willensentschluss eingetreten. Als die Kreatur nicht für sich selbst war, wie sie jetzt ist, da war sie doch ewig in Gott und in seiner Vernunft. Alles, was Gott geschaffen hat, hat er ohne Veränderung seines Wesen geschaffen; aber das Geschaffene ändert sich (in seiner Erscheinung). Sobald Gott ein Werk denkt, so ist es vollbracht. Da ist kein Werk, es ist ein Werden ohne Veränderung (des Wesens), und dieses Werden ist sein Wesen. In Gott ist reine Idealität, sodass keinerlei Veränderung hereindringt. Er wirkt alle seine Werke in sich selber und aus sich selber in einem Augenblick. Gott will, und sie entstehen[2)] (durch Kriyasakti, die Schöpfungskraft).

Die Dinge entstehen als Bilder, d. h. als körperliche Erscheinungen in der Seele der Welt. Da aber diese Kreaturen ein ihnen durch die Wiederspiegelung des göttlichen Allbewusstseins mitgeteiltes, ihnen eigentümliches individuelles Bewusstsein, Empfindung, Wahrnehmung, Leben usw. erlangt haben, so entsteht in ihnen die Täuschung der Selbstheit und Eigenheit und des Getrenntseins von dem alleinigen Wesen.

---

1) 254,15 – 379,32 – 180,8 – 579,7 – 589,6.

2) 437,30 – 266,27 – 207,1 – 487,11 – 321,8 – 7,38.

Dass Gott die Welt geschaffen habe, bedeutet nicht etwa, dass die Kreaturen aus dem Wesen Gottes entsprungen wären, wie das ewige Wort; denn so wäre die Kreatur Gott, was kein Verständiger annehmen kann, sondern die Natur der Kreaturen widerlegt dies als etwas Unmögliches und Falsches. Außer Gott ist ja nichts als das Nichts. Alle Dinge und Kreaturen sind an und für sich nichts als ein wesenloser Schein; dasjenige, was in ihnen wirklich und wesentlich ist, ist das Wesen, das Wort.[1)]

Gott (das Selbst) ist das Zentrum aller Dinge; die Gottheit hat alle Dinge in sich; aber in einem Wesen, ungeteilt. Insofern Gott in allen Dingen ist, ist er aller Seelen Seele. Er ist aller Naturen Natur, weil er aller Naturen Natur an sich hat, ungeteilt. Er ist das Licht der Lichter, das Leben der Lebendigen, das Sein des Seienden, die Vernunft der Vernünftigen. Er hat alle Dinge verborgen in sich; aber nicht dieses oder jenes bestimmte Ding, sondern als Einheit in Einheit[2)]*.*

Alle Kreaturen sind in Gott und sind seine Göttlichkeit und bezeichnen seine Fülle; Gott hat alles in allem in sich beschlossen; da ist alles eins und eins ist in allem. Was ich von den Kreaturen in Gott erkenne, da nehme ich nichts wahr als Gott allein; denn Gott ist nichts als Gott. Er ist das Wesen, das aller Kreaturen Wesen in sich hat; er ist in den Dingen als ihre Vernunft und ihre eigene Natur, inniger als sie sich selbst sind. Weil Gott ohne Teile ist, so sind alle Dinge und alle Stätten eine Gottesstatt und Gottes voll nach seinem Wesen ohne Unterlass.

Er teilt sich allen Dingen mit und gibt allen gleich viel; aber die Dinge empfangen verschieden, je nach ihrer Fähigkeit zu empfangen. Die Gottheit gibt den Steinen das bloße Sein, dem Baume das Wachsen, dem Vieh das Wahrnehmen, dem Engel die Vernunft, dem Menschen den freien Willen. Er liebt alle Kreaturen gleich und erfüllt sie mit seinem Wesen; erst aus den Dingen selbst stammt ihre Ungleichheit. „Etwas von Gott“ ist schon Gott in seiner Totalität; „etwas von ihm“ umfasst sein ganzes Wesen; darum ist er in der niedrigsten Kreatur ebenso vollkommen wie in der höchsten.[3)]

1) 325,4 – 321,11.

2) Dies ist in Kapitel X der Bhagavad Gita beschrieben.

3) 273,5 – 541,12 – 529,34 – 540,3 – 333,10 – 322,22 – 391,14 – 83,7 – 83,16 – 10,36 – 389,24 – 514,29 – 272 – 512,12.

Wer Gott, das höchste Selbst, einmal erkennt, und es in sich und in anderen Menschen von dem vergänglichen und scheinbaren „Selbst" zu unterscheiden weiß, der sieht in anderen Kreaturen nicht bloß seinen „Bruder" und seine „Schwester", sondern sich selbst, d. h. Gott, der in allen Dingen das eine wirkliche Wesen ist.

Alle Dinge sind an sich selber ein Nichts; Gott ist alles in ihrem Wesen. Er berührt alle Dinge und bleibt doch in allen unberührt; er ist über alle Dinge erhaben, ein Bestehen auf sich selber, und dieses Bestehen erhält alle Dinge. Er sucht nichts außer sich und es ist nichts außer ihm; alle Dinge sind in Gott und von Gott; denn außerhalb seiner selbst und ohne ihn ist nichts. Was die Kreaturen in Wirklichkeit sind, das sind sie in Gott, und deshalb ist in Wahrheit bloß Gott. Nähme man allen Kreaturen das Wesen, das Gott gibt, so bliebe nichts wesentliches übrig. Alles Gute an den Kreaturen ist von Gott; es ist keine Kreatur, die nicht etwas Gutes und Vollkommenes an sich hätte; aber an sich selbst sind sie nichts.[1)]

Deshalb besteht die Erkenntnis des wahren Selbsts darin, dass man die Täuschung des falschen „Selbsts" überwindet. Der Mensch erkennt sich deshalb nicht als das, was er in Wirklichkeit ist, weil er sich wirklich für etwas hält, das er nicht ist.

„Es ist daher notwendig, dass du die Beziehungen zu dieser als Wahrheit erscheinenden Täuschung (der Eigenheit), die du dir eingebildet und an dein Herz gebunden hast, aufgibst, und ohne Beziehungen, und ohne dein Herz an diese gebunden zu haben, dich lossagst von allen Handlungen, Freuden und Genüssen, welche du begehrst. Die Welt und die Schätze, aus was und von wem wurden sie? Man sieht, dass sie von einem zum andern kommen. Und wenn du nicht Herr über diese Auffassung und Zustand sein solltest, so wisse, dass Name und Gestalt in Atma sind, und dass außer Atma (Selbst) nichts besteht." (Dschedir Veda.)

Gott ist für den Menschen ein Nichts, solange der Mensch sein vergängliches Selbst für einen Gott, d. h. das Höchste hält, und in seinem vergänglichen Wesen sein Ideal zu erblicken meint. Wer das höchste Ideal im Ganzen erkennen und es in sich selber verwirklichen will, muss über die Schranken eines Egoismus hinaustreten und sich als Ganzes im Ganzen erfassen.

---

1) 531 – 96,25 – 162,38 – 441,36 – 188,1 – 254,1.

Die Menschheit, im höchsten Sinne dieses Wortes, ist den Engeln gleich und der Gottheit verwandt; darum soll ich das Individuelle ablegen und mich als Menschheit erfassen; denn das Individuum ist an der Substanz der Gattung nur ein Zufall (etwas Unwesentliches). Macht euch von allem Zufälligen ledig und erfasst euch in der freien Ganzheit menschlicher Natur, und nicht als diese oder jene bestimmte Person.

Scheidet euch von dem Nicht; denn das Nicht ist der Unterschied, dass du ein Mensch und nicht der Mensch (die Menschheit) bist. Wollt ihr selig sein, so müsst ihr ein einziger Sohn Gottes und nicht vielerlei Söhne sein wollen. Dieser Mensch ist nicht jener; ich bin nicht, was ihr seid, und ihr seid nicht, was ich hin. Tut das Nicht ab von allen Kreaturen, so sind alle Eins; was da bleibt, ist der Sohn, den der Vater gebiert.[1)]

In der Seele sind zwei Regionen zu unterscheiden, die höheren und die niederen Seelenkräfte.

Durch die höheren ist die Seele mit Gott und dem Ganzen verbunden, und kann sich als Eins mit der allgegenwärtigen Einheit erkennen; vermittelst der niederen Kräfte wurzelt sie in der Vielheit der materiellen Erscheinungen und der niedere Teil der Seele kann die Unendlichkeit und Hoheit des oberen Selbsts nicht erfassen.

Was die niederen Seelenkräfte (Kama-Manas) erfassen, das erfassen sie in endlicher Form; die wahre Seele dagegen (Buddhi-Manas) ist die göttliche Natur selbst (die „Mutter Gottes"), die Substanz, in welcher die Gottheit sich selber als Gott erkennt. Wenn die Seele im reinen Lichte der Vernunft wohnt, so hat sie keinerlei Beziehungen auf das Materielle und keinerlei Empfänglichkeit für dasselbe; sie ist etwas Unaussprechliches, Unbegreifliches, Unendliches, wie Gott.

Sie altert nicht, sie ist ewig jung. Je mehr man in ihr das Prinzip des Wirkens findet, desto näher steht man seinem obersten Prinzip, seinem Ursprünge, seiner Geburt, und das heißt „jung", was seiner Geburt nahe ist. Das Alter gehört nur dem Leibe und dessen sinnlicher Tätigkeit (dem Hause, welches die Seele bewohnt) an. Es sollte mich verdrießen, wenn ich morgen nicht jünger wäre als heute, d. h. nicht noch näher zu Gott, meinem Ursprünge käme, als ich es heute bin.[2)]

---

1) 38,25 – 167,9 – 14,19.

2) 153,21 – 132,30 – 229,1 – 304,8 – 89,23 – 255,3 – 257,11.

Unsere vergängliche Lust liegt darin, dass wir einzelne Menschen sind und uns der sinnlichen Dinge und intellektuellen Begriffe, d. h. der Vielheit erfreuen können; unsere ewige Seligkeit aber liegt darin, dass wir in uns selbst der Allgegenwart Gottes, d. h. unseres eigenen unendlichen Selbsts bewusst werden und in Gott selbst unendlich und unsterblich sind und es erkennen, dass wir es sind.

Unsere Seligkeit liegt nicht darin, dass Gott in uns ist; denn das ist er in allen Kreaturen, aber sie wissen es nicht; sondern darin, dass wir erkennen und wissen, wie nahe Gott uns ist. Darin liegt meine Seligkeit, dass Gott in mir vernünftig ist und ich das erkenne. Die Vernunft ist edler als der Wille. Der Wille erfasst ihn unter der Hülle der Güte; die Vernunft dagegen erfasst ihn unverhüllt, der Güte und des Wesens entkleidet. Sie führt und erleuchtet den Willen und geht seiner Äußerung, der Liebe, voran. Man kann Gott (das göttliche Selbst) nicht lieben, ohne dass man ihn zuvor (geistig) erkennt. Die geistige Erkenntnis ist eine Grundfeste und ein Fundament alles Wesens. Liebe kann nur an der Erkenntnis haften. Gott und ich sind eins; aber dies kann erst im Erkennen stattfinden. Die Funktion des Willens (Kama-Manas) ist zweifach, Begehren und Liebe; die Funktion der Vernunft ist einfach; sie ist die Erkenntnis, und sie kommt nicht zur Ruhe, ehe sie ihren Gegenstand (die Wahrheit) ohne Hülle erfasst. Deshalb geht sie dem Willen voran wie ein führender Stern und verkündigt ihm dasjenige, was er dann liebt. Solange man die Dinge begehrt, hat man sie nicht. Wenn man sie hat, so liebt man sie und die Begierde fällt weg. Die Vernunft ist das Haupt der Seele; sie geht gerade auf Gott zu (die theoretische Spekulation sucht ihn auf Umwegen). Die Begierde richtet sich auf das Gute; die Vernunft aber richtet sich auf die Ursache, durch die das Gute ist. Die Begierde ergreift Gott, insofern er liebenswert ist; die Vernunft erhebt sich höher und ergreift ihn, insofern er Wesen ist.[1)]

Vernunft und Wille müssen zusammenwirken; die Vernunft muss durch den Willen befruchtet werden, um die Bestimmung zu erfüllen. In der Tätigkeit der Vernunft findet eine Bewegung der äußeren Dinge zu der Seele statt, und durch diese Bewegung wird das Bild dieser Dinge der Seele eingeprägt und eingestaltet, so es der Anfang einer Bewegung der Seele in ihre substanzielle Form und des wahren Wesens der Dinge ist, die

1) 220,35 – 270,40 – 270,26 – 98,27 – 273,37 – 206,10 – 106,30 – 108,13 – 121,17.

in den Bildern erscheinen. Die theoretische Kraft der Seele ist aber nicht so ungehemmt als der Wille, denn sonst versenkte sie sich ohne Unterlass in die bestimmungslose Gottheit. Dies ist aber nicht der Fall, denn sie hat ihre Funktion zu üben, jede Kraft der Seele zu ordnen und an ihrer rechten Stelle zu erhalten, während der Wille nur gebietet oder verbietet. Der Wille ist insofern edler als der Verstand, weil er sich aller bestimmten Begriffe zu entschlagen und in das Nichtwissen zu stürzen vermag; aber über dem Willen steht dann noch die reine Anschauung des Absoluten, die sonst als Funktion der Vernunft erscheint. Die Seligkeit liegt weder in der Erkenntnis noch in der Liebe allein, sondern es ist Eines in der Seele, und aus diesem Einen entspringt Erkenntnis und Liebe. Gott ist es selber vorenthalten, da zu wirken; er ist es selber und genießt sich selber als Gott. Die oberste Vernunft (Atma) ist Gott selbst; sie steht dem absoluten Grunde gegenüber, von Angesicht zu Angesicht. In diesem Grunde der Seele ist Gedächtnis, Vernunft und Wille Eins und ohne Unterschied. Wo Verstand und Begehren endet, da ist es finster, da leuchtet Gott.[1)]

In der Seele oberster Kraft (Buddhi) leuchtet Gott unverhüllt; in sie dringt nichts als Gott (Atma) ein, und sie ist ohne Aufhören in Gott. Die Kraft ist ein Licht, welches nie erlischt; es erhält im Geiste immer die Möglichkeit der Umkehr zu Gott, denn selbst in der Hölle (im Feuer der Leidenschaften) bleibt die Natur der Seele göttlich; Lust und Leid berühren nur ihre niedersten Kräfte; der göttliche „Funke" ist ein Licht völliger göttlicher Gleichheit; es bleibt allezeit Gott zugewandt und scheidet sich nie von ihm. Dieser Funke kämpft unausgesetzt gegen alles Nichtgöttliche. Er ist eine besondere Kraft, namenlos, ohne Eigenschaft, weder dies noch das, weder hier noch da, teilt er die Natur der Gottheit. Er ist eins mit Gott; die Einheit fließt in ihn und er fließt in die Einheit zurück. Hier empfängt die Seele all ihr Leben und Wesen. Nur dies ist ganz in Gott; alles andere bleibt draußen. Dieser Funke wird auch der Geist der Seele (Atma) genannt. Er ist der innerste Mensch, der alles in der Form der Ewigkeit schaut; er ist das Licht der Vernunft, in welchem es keinen Gegensatz mehr gibt.[2)]

Dies ist die Seele, das Selbst, welches alles in allem nur ein einziges ist, und nur wer dieses gefunden hat, hat sich selbst in der

---

1) 591,23 – 214,24 – 671,1 – 496,20 – 282,15 – 127,6 – 251,2 – 288,19.

2) 199,25 – 595,20 – 11,31 – 79,6 – 113,33 – 306,8 – 255,20 – 180,32 – 264,27.

Wahrheit gefunden[1]; die Kreaturen aber als individuelle Dinge von diesem Selbst (Gott) verschieden betrachtet, seien es Menschen, Engel oder Dämonen, sind nur vorübergehende Erscheinungen oder Vorstellungen in diesem Selbst.

Die Welt der Kreaturen ist wesenlos und nichtig. Wenn ich alle Kreaturen (mich mit eingeschlossen) erkenne, so erkenne ich nichts. Alle Kreaturen an sich selbst sind gleich nichts; nur überstrahlt (und durchdrungen) von dem Lichte, aus dem sie ihr Wesen schöpfen, sind sie etwas. Ich sage nicht, dass sie „etwas Geringes" seien, sie sind nichts, sie haben kein Wesen, denn ihr Wesen hängt von der Gegenwart Gottes ab. Wendete Gott sich auf einen Augenblick ab, so würden sie in ihrem Nichts verschwinden. Wer Gott (das Selbst in Allem) erkennt, der sieht, dass alle Kreaturen nichts sind. Wenn man die eine Kreatur gegen die anderen hält, so erscheint sie schön; hält man sie aber gegen Gott, so ist sie nichts.[2]

Gott ist das Höchste; darum wirkt er auf alles, aber nichts wirkt auf ihn. Er ist in allen Dingen so, dass er zugleich außer allen Dingen ist. Darum kann ihn die Unvollkommenheit der Dinge nicht beflecken. Gott ist allein im Wesen der Kreatur; im Wesen aber ist keine Unvollkommenheit; denn diese ist Abfall von der Vollkommenheit (vom Wesen). Je mehr er in allen Dingen ist, um so mehr ist er außer ihnen (allselbstbewusst). Was endliches Dasein hat, Zeit oder Ort, das gehört nicht zu Gott, er steht über demselben. Soviel er in allen Kreaturen ist, so viel ist er über sie erhaben. Was in vielen Eines ist, das muss notwendig über dem Vielen stehen.[3]

Der natürliche persönliche Mensch aber ist nur eine Erscheinung, durch die sich Gott offenbaren kann, und an sich selbst ist er ein Nichts. Der auf Zeit und Form beschränkte Mensch kann kein Gott sein und Gott nicht offenbaren, sondern er ist ein Geschöpf der Natur, welche aus Gott entsprang.[4]

---

1) *„Derjenige, dessen Seele durch die Ergebung in Mich mit Brahma vereinigt ist, sieht alles in Einem; er sieht die Seele in Allem und alles in der Seele (dem Selbst). Wer Midi in Allem sieht, sieht Alles in mir; ich verlasse ihn nicht und er verläßt Midi nicht. Wer Mich in jedem Wesen erkennt, wohnt in Mir. Wer dieselbe Wesenheit in allem sieht, Ardschuna! sei es in Lust oder Leid, und unbekümmert, von diesem bleibt, der ist ein vortrefflicher Yogi."* (Bhagavad Gita, VI, 29-32)

2) 83,17 – 107,38 – 136,23 – 222,34.

3) 612,15 – 206,35 – 268,10.

Weil die Kreatur in ihrem eigenen Sein ein wesenloses Nichts ist, so kann sie auch Gott nicht offenbaren. Was die göttliche Natur sei, davon kam noch nie ein Tropfen in die Vernehmung einer Kreatur. Gott offenbart sich für sich selbst durch die Kreatur; er ist das, was in der Kreatur als gut und vollkommen, wie in einem Spiegel erscheint.[5)]

Gott hat alles um seiner selbst willen getan; denn es ist ja außer ihm nichts vorhanden. Er ist die Ursache aller Dinge, und wie er nach dem Gleichnisse der ersten Ursache wirkt, so wirken alle Kreaturen nach demselben Gleichnisse. Das ist die Liebe, die sie zu Gott haben. An alle Kreaturen ergeht der Ruf, wieder in das (Selbstbewusstsein) zu gelangen, aus dem sie geflossen sind. All ihr Leben und Wesen ist nichts als ein Drängen und Eilen nach dem, aus dem sie ausgeflossen sind. Alle Kreaturen in allen ihren Tätigkeiten wollen Gott offenbaren, aber sie können es nicht. So wie mein Mund Gott (das Selbst) verkündet und offenbart, so auch der Stein, und diese Offenbarung vermittelst des Wirkens ist deutlicher als die vermittelst der Worte; aber selbst die obersten Engel reichen mit ihrem zu Gott emporstrebenden Wirken nicht an die Wirksamkeit Gottes heran. Die Dreifaltigkeit (die Erkenntnis des Selbstes in sich selbst) ist der Ursprung aller Dinge, und alle Dinge streben zurück nach ihrem Ursprünge. Sie sind ewig in Gott (im Nichtselbstbewusstsein) gewesen und sollen wieder in Gott (in das Gottesbewusstsein) zurückkehren.[6)]

---

4) Je mehr ein Mensch in seinem Eigendünkel sich einbildet, gottähnlich und ein „Übermensch" zu sein, um so größer steht er vor allen Verständigen da - als ein Narr.

5) 389,7 – 254,1.

6) 529,17 – 93,13 – 92,93 – 503,22 – 531,7.

Evolution und Involution

Im ewigen Sein sind alle Dinge ungesehen enthalten. Dann folgt das Offenbarwerden derselben, wodurch sie zum Vorschein kommen, und im Tode (dem Aufhören der Erscheinung) werden sie wieder unsichtbar. Was gibt es da zu beklagen?
(Bahagvad Gita, II, 28)

Gott an sich selbst (das wahre Selbstbewusstsein) ist unveränderlich; in ihm gibt es keinen Fortschritt oder Rückschritt, weder Evolution noch Involution, er ist die Vollkommenheit selbst; aber die Ideen, welche in seiner Natur existieren, und als für uns wahrnehmbare Dinge, Kreaturen, Erscheinungen, auftreten und wieder verschwinden, entfalten sich und werden durch immer weiter voranschreitende Entwicklung immer bessere Werkzeuge zur Offenbarung der ihnen innewohnenden Gottesnatur. Gott ist z. B. in einem Steine ebenso gegenwärtig, als in einem Menschen; aber in einem Steine ist er nicht selbstbewusst. Im Menschen kann er selbstbewusst werden. Ist dies eingetreten und hat der Mensch dadurch sein Selbstbewusstsein in Gott erlangt, so ist er im göttlichen Selbstbewusstsein (in der Vollkommenheit) und hat den menschlichen Körper zur Entfaltung dieses Selbstbewusstseins, die ja dann vollendet ist, nicht mehr nötig. Er tritt dadurch wieder in Gott ein, aus dem er gekommen ist. Früher war er in ihm ohne Bewusstsein der Individualität; jetzt hat er die Selbsttäuschung überwunden und ist in ihm in der Weisheit.

Daher ist alle Bewegung, und der Sinn dieser Veredelung ist die fortgehende Veredelung. Die Natur macht keinen Sprung; sie hebt immer an bei dem Niedrigen und strebt hinauf zum Höchsten. Wie die Farben eines Regenbogens unmerklich ineinander übergehen, so ununterbrochen schließt sich in der Natur Wirkung an Wirkung. Der Natur ist es unmöglich, dass sie etwas zerstöre, verderbe oder auch nur antaste, ohne dass sie aus dem, was sie berührt, ein höheres Gut hervorzubringen beabsichtige; es genügt ihr nicht, etwas anderes ebenso Gutes hervorzubringen; ihr Wille geht immer auf das Bessere. Die Materie ruhet nicht, bis sie mit allen Formen erfüllt wird, deren sie fähig ist, und die Vernunft ruhet nicht, bis sie mit alle dem erfüllt wird, dessen sie empfänglich ist. Alle Kreaturen richten ihren Lauf auf die höchste Vollkommenheit; in allem findet man ein Jagen nach Gott (dem Selbstbewusstsein); doch jagen sie ihm nach in verschiedener Weise; je nach dem Maße ihres Vermögens. Das Feuer (die Liebe) ziehet aufwärts, die Erde abwärts, und jede Kreatur sucht ihre Stätte, so wie Gott sie ihr angewiesen hat. Alle, selbst die niedrigsten, streben aus der Mannigfaltigkeit heraus zur Einheit. Gott gleich zu werden (durch ein Eingehen in Gott, nicht durch ein Getrenntsein von ihm) ist die gemeinsame Sehnsucht aller Kreaturen. Darum läuft der Himmel, darum begehrt Mensch und Vieh. Es ist keine Kreatur so verworfen, dass sie irgendetwas lieben könnte, was absolut böse ist; denn was man liebt, muss entweder gut sein oder gut scheinen. Gott ist die Liebe. Wäre Gott nicht in allen Dingen, die Natur wirkte und begehrte nichts an einem Dinge; denn es sei dir lieb oder leid, du magst es wissen oder nicht wissen; dir unbewusst sucht deine Natur in ihrem Innersten Gott. Darin liegt das Wesen aller Kreaturen, dass sie Gott suchen und ihm nachjagen. Alles, was die Natur leisten kann, das richtet sie auf das eine Ziel.[1)]

Gott ist die Ruhe. Alle Bewegung geschieht aus Begierde nach Ruhe (aber die Seligkeit der Ruhe wird erst dann erkannt, wenn man den Sieg über die Unruhe erlangt hat). Gott sucht die Ruhe in allen Dingen; die göttliche Natur ist Ruhe. Ruhe im Innersten sucht die Seele in aller ihrer Bewegung. Gott hat allen Dingen ihre Heimat gegeben; den Fischen das Wasser, dem Vogel die Luft, dem Tier die Erde, der Seele die Gottheit. Dass Gott unbeweglich ist, das macht, dass sich alle Dinge in ihm bewegen, und je edler ein Ding ist, mit um so größerer Leichtigkeit bewegt es sich. Wäre nicht Ruhe in Gott, so verginge die göttliche Natur und es nähme das Himmelreich ein Ende.[2)]

Im Zentrum des Rades ist die Ruhe, aber die Speichen bewegen sich und die Bewegung geht nach dem Mittelpunkte zurück, von dem sie ausgegangen ist. Dieser Mittelpunkt ist die Vollkommenheit (Nirwana).

Darum ist in der Natur ein unaufhörlicher Formenwechsel. Das Weizenkorn verwest, um in neue Formen überzugehen; die Pflanze, die meine Eltern aßen, hat meinen Leib aufbauen helfen. Das ist die eigentliche Bedeutung des Menschen in der Ordnung aller Dinge, dass er das wesentliche Mittel für die höchsten Zwecke Gottes ist; das ist aller Dinge Streben, in menschliche Natur verwandeltzuwerden. Der Mensch soll alle

---

1) 142, 3,15 – 439,26 – 26,17 – 180,12 – 268,8 – 582,2 – 173,7 – 439,20 – 31,6 – 143,19 – 301,3 – 332,40.

2) 152,27 – 657,22 – 154,19 – 620,14 – 657,32.

Dinge emportragen zu Gott, ihrem ersten Ursprünge. Der Anlage nach ist der Mensch die Gesamtheit aller Kreaturen. Wenn man vom Menschen spricht, so spricht man von allen Kreaturen; denn alle Kreaturen sind in ihm versammelt. Alle Kreatur ist ein einziger Mensch, den Gott von Natur lieben muss, und dieser „Mensch" ist Gott. In menschlicher Natur verändern alle Kreaturen ihre Namen und werden geadelt; in menschlicher Natur verlieren sie ihre Natur und kehren zu ihrem Ursprünge zurück. In menschlicher Natur erlangt jede Kreatur ihre Ewigkeit.[1)]

Als der geistige Mensch (Universalgeist) aus Gott (dem Absoluten) entsprang, war er ein „Engel", d. h. eine geistige Kraft und Wesenheit ohne individuelles Selbstbewusstsein, d. h. ohne die Täuschung eines persönlichen „Selbsts".

Aus ihm sind alle Menschen und Kreaturen entstanden, um durch die Überwindung dieser Täuschung auf dem Wege der Erfahrung und Evolution wieder in Gott zurückzugelangen.

Der höchste Engel schöpft aus Gott und gestaltet das Empfangene nach sich; dann gibt er es den mittleren; diese geben es den niederen und diese den irdischen Menschen. Der Engel reinigt, erleuchtet und vollendet die Seele. Göttliches Licht ist so überschwänglich, dass es die Seele nicht ertragen könnte, würde es nicht in des Engels Licht gemildert, und so erst der Seele eingeflößt. Der vollkommen gewordene Mensch aber ist über die Vermittlung durch die niederen Engel (Kräfte) hinaus und empfängt unmittelbar vom obersten Engel. Die höchsten Wirkungen Gottes im Menschen entziehen sich auch der Kundschaft des obersten Engels.[2)]

Das Wesen des Engels ist Vernunft. Er ist ein fleckenloser Spiegel, in welchem sich das göttliche Licht reflektiert. So steht er frei und formlos zwischen Gott und Materie; selber ein Bild Gottes, durchleuchtet er all sein Wesen mit dem Bilde Gottes. Die Engel erkennen auch in einem überzeitlichen Lichte. Die Werke, die sie in Gott üben, sind unzeitlich; aber in ihrem Wirken auf endliche Dinge haben sie einen Schatten von Zeitlichkeit. Was der Engel hat, das wird ihm ohne Anstrengung, der Seele dagegen wird es durch ihre Arbeit. Darum ist das Wachstum der Seele etwas viel Herrlicheres, als das des Engels, und eine Erkenntnis, welche

---

1) 333,31 – 402,32 – 459,16 – 273,10 – 587,33 – 522,3 – 390,38.

2) 104,1 – 159,36 – 655,38 – 682,40 – 322,2.

die Seele gewinnt, ist wertvoller als zehn Erkenntnisse eines Engels (der nichts dabei zu überwinden hat).[1)]

„Hätte Adam (der ursprüngliche Universalmensch) Gott in seinem absoluten Wesen geschaut, so hätte er nicht „fallen" können; aber er erkannte, dass er (in seiner Selbstheit) war, und daran haftete sein Blick mit Lust; dies war sein „Fall" und nichts anderes, und so fallen auch diejenigen, die sich von Gott (dem wahren unendlichen Selbst) auf das Vergängliche in ihrer Natur (das Scheinselbst) richten. Je tiefer der Mensch (als Ganzes) in seine Selbstheit versank, um so tiefer steckten auch seine Nachkommen in ihrem Egoismus; so pflanzte sich und pflanzt sich noch die Folge dieser Erniedrigung, die „Erbsünde", fort. Dieser „Fall" war für den Menschen von Vorteil. Könnte der Mensch in der Einheit verbleiben, sodass er alle Funktionen übte, die alle Kreaturen jemals geübt haben, so wäre dies nicht so gut; denn die oberste Kraft der Seele (Buddhi) zöge die untersten (Kama) nach sich, sodass der Mensch nichts wirken könnte, als ein einziges göttliches Werk. Das kann aber nicht sein, und deshalb schaut die oberste Kraft in Gott (dem wahren Selbstbewusstsein) ihr Heil und gießt es weiter in die niederen Kräfte, sodass sie Erkenntnis des Guten und Bösen haben. Ohne die Erkenntnis des Bösen könnte der Mensch die Natur des Guten nicht wirklich erkennen lernen. Nur durch die Überwindung der Täuschung erlangt er die Erkenntnis der Wahrheit und die Realisierung seiner Wahren Individualität und Einheit mit Gott, deren unendlicher Wert durch nichts zu ersetzen ist. Die Zerspaltung der Kräfte der Seele und der Ursprung der Individualität des Einzelnen ist ein Bestandteil der ewigen Weltordnung und ist ein Mittel zum Zweck auf dem Wege zur Vollkommenheit.[2)]

Gott (das wahre Selbstbewusstsein) ist viel zu groß, als dass ihn irgendeine Kreatur erfassen, oder er in einem menschlichen „Selbst" eingeschlossen werden könnte. Wer mit ihm eins werden will, der muss nicht versuchen, ihn in seine Beschränktheit herabzuziehen, sondern zu ihm sich in die Freiheit erheben.

Als Gott alle Kreaturen erschuf, da waren sie niedrig und eng, dass er sich nicht in ihnen bewegen konnte; da machte er die Seele sich so

1) 103,24 – 162,2 – 133,28 – 639,12.

2) 658,2 – 652,12 – 674,2 – 467,9 – 496,29 – 519,11 – 260,24 – 511,23.

gleich und so angemessen, dass er sich ihr mitteilen konnte. Er hat nichts geschaffen, was ihm gleich wäre, als die Seele; sie ist mächtiger, edler oder größer als alle Kreaturen; sie ist nicht geschaffen wie die anderen Dinge, in beschränkter Form, sondern in Gott; mit Gott ist sie gebildet, und Gottes Bild ist in ihr ausgeprägt. Ihre Größe vermag Himmel und Erde nicht auszufüllen, sondern nur Gott selber, den die Himmel aller Himmel nicht fassen können. Darum, wer die Seele messen will, der nehme Gott als Maßstab; denn der Grund Gottes und der Grund der Seele sind nur ein einziges Wesen. Nirgends ist Gott so eigentlich (selbstbewusst) als in der Seele, in allen Kreaturen ist etwas von Gott (Bewusstsein); aber in der Seele ist er auf göttliche Weise (selbsterkennend), denn sie ist seine Ruhestatt. In ihren obersten Kräften ist das Bild der Dreieinigkeit Vernunft, Wille und Gedächtnis; das Gedächtnis gleicht dem Vater, die Vernunft dem Sohne und der Wille dem heiligen Geiste. Die oberste Form der Seele, der „Funke", entspricht der nichtoffenbaren Gottheit, welche der Seele höchster Gegenstand ist.[1)]

Dieses Selbst oder dieser Funke (Atma) ist aber nichts Fremdes und vom Menschen Abgesondertes, Unerreichbares und Getrenntes, sondern jedes Menschen eigenes wirkliches und wahres göttliches Ich, im Innersten der Seele verborgen.

Ich stehe im Grund der ewigen Gottheit, da wirkt Gott alle seine Werke aus mir und durch mich, und alles, was verstanden wird, das bin ich. Gott hat alle Dinge gemacht durch mich, als ich in dem grundlosen Grunde Gottes (der ewigen Gottheit) war. Alles, was in Gott ist, ist Gott. Da mein Bild ewig in Gott gewesen ist und es noch immer ist und immer sein muss, darum ist meine Seele ewig in Gott gewesen und ist Gott selber; so ist die Seele mit dem Worte (Logos) identifiziert, das ewig in Gott war, und in dem Universalmenschen sind alle Kreaturen geschaffen. Zwischen dem Sohne Gottes und der Menschheit (als Einheit) ist kein Unterschied; der Sohn ist das Urbild der Menschheit. So sind wir selbst sein einziger Sohn, den der Vater ewiglich geboren hat. Der einzelne Mensch ist nicht die ganze Menschheit. Dann erst verstehe ich mich im höchsten Sinne, wenn ich nichts anderes verstehe, als dass ich sei das Wesen, aus dem Gott sein Wesen oder seine eigene Gottheit entnimmt. Somit ist die Seele (das

---

1) 136,34 – 394,10 – 395,12 – 179,25 – 413,21 – 467,13 – 220,36 – 207,3 – 318,1.

Selbst) Gott (das Selbst) selber, und Ich bin der Schöpfer aller Dinge; ja Ich (wenn ich das richtig verstehe) bin derjenige, welcher Gott geschaffen hat, das Absolute. In der Gottheit, dem Absoluten, da war ich selber, wollte mich selber und erkannte mich selber. Da war ich mein eigener Schöpfer (der Schöpfer meiner Inkarnation und Reinkarnationen). Indem ich entstand, entstanden alle Dinge. Ich war die Ursache meiner selbst und aller Dinge, und wollte ich, dass ich nicht wäre, so wäre ich nicht und alle Dinge wären nicht. Wäre ich (das Absolute) nicht, so wäre auch Gott nicht.[1)]

Ehe aber der Mensch zur Erkenntnis dieses seines göttlichen Ichs gelangen kann oder es erkennen will, muss er fast unendlich viele Enttäuschungen erfahren, welche dazu dienen, ihn zu überzeugen, dass sein „Schein-Ich" nicht sein wirkliches Ich, sondern nur das Produkt einer Selbstbespiegelung ist.[2)]

Zur Überwindung dieses Selbstbetrugs hat der Mensch die Vernunft.

Des Menschen Vernunft ist das eigentliche Werkzeug Gottes, vermittelst dessen der Rückgang aller Dinge in Gott vollzogen wird. Die menschliche Vernunft bildet in sich alle Dinge ab und schließt alle Dinge in sich; sie gestaltet sich die Dinge ein, und das Niedrigste wird in ihr licht wie die Sonne. Durch seine Seelenanlage hat der Mensch das Wesen aller Kreaturen in sich, der Steine wie der Bäume und aller anderen. In dieser Anlage hat er die Bilder aller Kreaturen mit ihren Unterschieden in seine Vernunft aufgenommen, und so umfasst er Wesen und Bild, Vernunft und Vernunftlosigkeit aller. So sind in ihm alle Dinge geschaffen. Wird also die Vernunft mit Gott gereinigt, so kehren in ihr alle Dinge in ihren Ursprung zurück. Darum ruht die Seele nimmer, bis sie in Gott kommt, der ihre erste Form ist, und alle Kreaturen ruhen nimmer, bis sie in die menschliche Natur kommen, und dann in dieser erst in ihre erste Form, in Gott. Wir sollen alle Dinge vergeistigen, allen Dingen Geist sein und alle Dinge sollen uns Geist sein; wir sollen alle Dinge in Gott erkennen und mit uns Gott werden lassen. Alle Kreaturen verzichten auf ihr Leben, um ihr

---

1) 613,19 – 589,25 – 266,4 – 285,14 – 157 – 588,37 – 283,37.

2) Siehe Hartmann, „Die weiße und schwarze Magie oder das Gesetz des Geistes in der Natur."

Wesen zu gewinnen; alle erheben sich in meine Vernunft, um in mir vernünftig zu werden; ich allein führe sie zu Gott zurück; ich bringe sie aus ihrer Vernunft in meine Vernunft (Bewusstsein), dass sie in mir mit mir Eines sind.[1)]

Aber nicht nur dringen des Menschen Ausflüsse auf niedriger stehende Kreaturen ein, um dieselben zu sich zu erheben, sondern auch die Ausstrahlungen höherer Wesen durchdringen mit ihren Kräften den Menschen, wenn er sich für dieselben empfänglich macht, und bewirken dadurch seine Erhebung, Erbauung und Erlösung von der Täuschung der Selbstheit mit ihrem Anhange von Begierden und Leidenschaften.

Da der Mensch durch die Sünde (den Irrtum) die Kraft verloren hat, das zu vollbringen, wozu er berufen ist, so müssen alle Kreaturen, die aus Gott geflossen sind, mit allen ihren Kräften dahin wirken, wie sie einen (Universal-) Menschen erzeugen, der wieder in die Vereinigung mit Gott (die Erkenntnis des wahren Selbsts) gelange, in welcher Adam vor dem Falle war, und der alle Kreaturen wieder in dieselbe Kraft erhebe, die sie in menschlicher Natur besaßen.[2)]

Diese aus Gott geflossenen Kreaturen sind alle Wesen, welche Freiheit des Willens haben, und zu diesen gehören alle großen und erhabenen Menschengeister (Maha-atma), welche auf Erden leben oder gelebt haben und durch ihren Einfluss und Lehre den niedriger stehenden Menschen behilflich sein und sie näher zu sich und dadurch auch näher zu Gott bringen können.

In dem Maße, als ich Gott näher bin, spricht sich Gott in mich ein, und damit kehrt er bei sich selber ein. Vermöge der mit Christo (dem Lichte der göttlichen Weisheit) eins gewordenen Menschenseele kehrt Gott mit allen Kreaturen in sich selbst zurück. Da versinkt die Welt der Kreaturen, und der offenbare, dreieinige Gott (die Selbsterkenntnis) selber im Abgrunde der Gottheit, wo es keine Vorstellung von „Selbst" mehr gibt (Nirwana). Da fließt der Vater mit allen Kreaturen in sich selber zurück. Aller Dinge Werden endet im Entwerden, und der ewige Prozess ist die Wirkung der ewigen Natur und hat deshalb weder Anfang noch Ende. So ist der Kreis umlaufen, der Fluss in sich selber verflossen, und

1) 352,18 – 589,17 – 530,39 – 533,5 – 180,22 – 181,14.

2) 497,11.

das All ruht wieder im unaufgeschlossenen Schöße der unaufgeschlossenen Gottheit.[1)]

Es findet somit, vom göttlichen Standpunkt aus betrachtet, weder ein Werden noch ein Entwerden, weder eine Schöpfung von etwas Neuem noch ein Vergehen desselben, weder eine Evolution noch eine Involution, weder ein wesentlicher Fortschritt noch ein Rückschritt statt; Gott bleibt immer derselbe, und das ganze Weltall kann verglichen werden mit einem Sonnenflecken, der auf der (geistigen) Sonne des Weltalls sich bildet und wieder verschwindet. Deshalb sagt auch die Dsehedi-Veda wie folgt:

Wie wenn ein Kristall, der mit Staub beklebt ist, und deshalb undurchsichtig geworden ist, nach dem Abwaschen Reinheit und Glanz wieder erhält, so kommt der Atma (das Selbst), welcher das Lichtwesen ist, wegen des Staubes des verkehrten Wissens nicht als Licht zur Erscheinung. Wird er aber mit dem Feuer und Wasser der Erkenntnis gewaschen, so wird er wieder hell und klar und sichtbar; die Trübsal weicht von ihm und sein Handeln und Tun ist zu Ende. Nichts bleibt ihm zu tun übrig. Er ist der Alleinige geworden. Wer dieses Licht zu seiner Leuchte gemacht und den reinen Brahm erkannt hat, der wird mit demselben Eins.

1) 92,5 – 527,32 – 497,23.

Vereinigung

„Die Schwierigkeiten, welche sich denjenigen entgegenstellen, die ihr Herz nach dem Nichtoffenbaren richten, sind groß; denn der geistige Weg ist schwer zu finden für diejenigen, deren Geist an den Körpern haftet. Wer aber mit allem seinem Tun sich Mir ergibt, ihn erhebe ich aus der Sturmflut, weil zu mir sein Gebet gerichtet ist. Wende dein Herz zu Mir allein, lass deinen Geist in Mir Ruhe finden, so wirst du bei Mir in der Höhe wohnen. Daran zweifle nicht."
(Bahagavad Gita)

Es braucht kaum erwähnt zu werden, dass die hier gegebenen Vorschriften nicht für diejenigen geschrieben sind, welche kein Verlangen danach haben, das wahre Selbst kennenzulernen, sondern nur für diejenigen, welche nach der göttlichen Selbsterkenntnis streben. Für alle anderen genügen bloße Moralpredigten und Ermahnungen zu einem erbaulichen Leben, deren es die schwere Menge in Hülle und Fülle gibt. Die Morallehre sucht einen guten und tugendhaften Menschen zu machen, der auf sein „Selbst" stolz sein kann. Die Yoga-Lehre erkennt dieses Schein-Selbst mit allen seinen Tugenden als ein Nichts; sie schafft alle sogenannte Selbstheit, allen Egoismus, sei er sinnlich oder „transzendental", fort; sie erkennt nichts als wirklich vorhanden als Gott, vor dem alles andere nichts ist und deshalb auch in Wirklichkeit nichts in sich selber besitzt.

Wer nun das wahre Selbst kennenlernen will, der sollte an sich „selbst" so wenig als möglich denken, dagegen seinen Sinn stets auf die Wahrheit gerichtet halten. Er sollte für sich „selbst" gar nichts verlangen, weder in diesem noch in einem anderen Leben. Damit ist nicht gemeint, dass er nicht fähig sein solle, an irgendetwas Interesse zu finden, oder sich einbilden solle, dass er alles verachte; sondern er soll über die Beschränktheit seines sterblichen „Selbsts" hinauswachsen; dann fällt auch alles, von was sich dieses „Selbst" vorher angezogen fühlte und was es beherrschte, von selber weg.

Es verhält sich mit der Kraft, welche dem Gottesbewusstsein im Menschenherzen entquillt, wie mit dem Schein der Sonne; sie ist eins mit Gott; seine notwendige Wirksamkeit, ein nieversiegender Fluss, der in dem Herzen der Gottheit entspringt. Wenn Gott dich bereitfindet, so muss er in dir wirken und sich in dich ergießen, wie die Sonne, wenn die Luft klar und rein ist, sich in sie ergießen muss und sich dessen nicht enthalten kann; denn das Werk der Gnade ist Gottes Offenbarung, mit der er sich für sich selbst in der Seele offenbart. Da wird dasjenige, worin gewirkt wird, in das Wirkende verpflanzt und zur Gleichheit erhoben. Empfängst du von Gott deine Menschheit, so empfängt Gott seine Gottheit von dir. Gottes Natur, Wesen und Gottheit hängt daran, dass er in der Seele sein Werk treiben muss; es sei dir lieb oder leid, ob du schlafest oder wachest; Gott (das Selbstbewusstsein) tut das Seine. Er ist stets bereit zu geben; aber wir sind nicht stets bereit zu empfangen. Nur wir tun ihm Gewalt und Unrecht an, indem wir ihn durch unseren Mangel an Bereitschaft an dem ihm durch seine Natur notwendigen Wirken hindern. Nicht darum will ich Gott bitten, dass er mir etwas gebe, und ihn auch nicht für dasjenige loben, was er mir gegeben hat; sondern ich will ihn darum bitten, dass er mich fähig mache zu empfangen, und ich will ihn dafür loben, dass es seine Natur und sein Wesen ist, dass er geben muss. Wer ihm das benehmen wollte, der nähme ihm gewiss sein eigenstes Wesen und sein Leben; denn sein Wesen und Leben ist die Liebe selbst; seine Liebe ist der Heilige Geist.[1)]

Nicht darum handelt es sich, dass der Mensch sein nichtiges „Selbst" für fromm, gut, tugendhaft, weise usw. halte und damit seiner persönlichen Eitelkeit schmeichele, sondern dass ihm seine Person gar nichts mehr sei, und er in der Herrlichkeit, Güte, Kraft (Tugend), Weisheit, Selbsterkenntnis und Seligkeit Gottes lebe und daran teilnehme. Desgleichen sind auch alle Handlungen, die der Begierde des „Selbsts", des Nichts entspringen, im Ewigen ohne Wert und wie ihr Schöpfer vergänglich; nur das, was der Mensch tut, weil er es soll, ist dauernd; es ist selbstlos und daher nicht sein Werk, sondern das Werk des Gottes in ihm.

Die Tugend ist ein beständiges Bleiben in Gott; ihr Grund ist Gottes Liebe im Herzen; alles gehört der Tugend an, was die göttliche Liebe in der Seele wirkt. Den Willen Gottes tun, heißt selbstlos dem Gesetze der Vernunft und Liebe gehorchen; nicht deshalb, weil man sich einbildet, dass dies der Wille irgendeines Gottes sei, sondern weil der Wille Gottes die Liebe und sein Gesetz die Vernunft ist. Der wahrhaft Tugendhafte liebt das Gute nicht um irgendeines Zweckes willen, sondern

---

1) 201,32 – 218,17 – 27,28 – 614,1 – 179,35 – 287,29 – 570,22 – 60,10 – 141,33.

um des Guten selbst willen und weil er es als das Gute erkennt. Der Gerechte liebt an Gott weder dies noch das und gäbe ihm Gott all sein Wissen und alles, was er zu bieten vermag, außer sich selbst, er achtete nicht darauf und es gefiele ihm nicht; denn er will und begehrt nichts für sich selbst; er hat keine endlichen Zwecke, um derentwillen er etwas täte. Wie Gott ohne endliche Zwecke wirkt, so auch der Gerechte, und wie die Unsterblichkeit selbst ihr eigner höchster Zweck ist, so wird auch der Gerechte durch keine außer ihm liegenden oder endlichen Zwecke in seinem Tun bestimmt. Gott (das Selbstbewusstsein) ist sein eigener Zweck. Ihm sich hinzugeben, ist die Voraussetzung der Tugend; wie könnte der Tugendhafte einen anderen Zweck im Auge haben, als Gott selbst? Die Tugend ist selbstlos, sie begehrt nichts für sich selbst und wird nicht geübt mit Rücksicht auf irgendeinen zu erwartenden Lohn.[1)]

Alle diejenigen, die ihre guten Werke tun zu Gottes Ehren, aber doch mit der Absicht, dass Gott ihnen etwas dafür gebe oder tue, was ihnen lieb sei, sind gleich den Kaufleuten, die Jesus aus dem Tempel treibt. Sie wollen etwas hergeben, um etwas Besseres dafür zu erlangen und gleichsam einen Handel treiben mit dem Herrn. Aber sie betrügen in ihrem Handel sich selbst; denn alles was sie haben und zu wirken vermögen, haben sie von Gott, um es um Gottes willen allzumal auszuwirken; darum ist ihnen Gott nichts schuldig. Gott sucht nicht das Seine, in allen seinen Werken ist er frei und ledig, er wirkt allein aus Liebe. So auch der Mensch, der mit Gott vereinigt ist; er steht frei und ledig in allen seinen Handlungen, er wirkt sie aus Liebe ohne äußeren Zweck allein zur Ehre Gottes; nicht er wirkt, sondern Gott wirkt das Gute in ihm.[2)]

Suchst du das Gute oder unterlässt du das Böse um deines eigenen Nutzens willen, so suchst du nicht Gott, sondern deinen Eigennutz. Wer Gott sucht und noch etwas obendrein, der findet ihn nicht. Wer aber Gott allein sucht, der findet ihn und alles, was er zu bieten vermag. Suche Gott um Gottes, die Wahrheit um der Wahrheit, die Gerechtigkeit um der Gerechtigkeit willen, und lass dein „Selbst“ dabei ganz aus dem Spiel. Wen die Wahrheit, die Gerechtigkeit, die Güte einmal ergriffen hat, der kann sich nie davon abkehren, auch nur für einen Augenblick, selbst wenn

---

1) 495,22 – 146,10.

2) 34,10.

alle Qual der Hölle daran hinge. So ernst soll es um die Tugend sein, dass, je größer die damit verbundene Qual wäre, um so größer unsere Liebe zur Tugend würde. Der wahre Mensch wirkt, um zu wirken, und aus keinem anderen Grunde.[1)]

Hierzu gehört vor allem der Glaube an ein höheres und besseres, geistiges Selbst.

Der Glaube ist eine mystische Kraft, deren Dasein auf keinerlei Theorie oder Meinung beruht, sondern auf nichts als sich selbst; er ist die Empfindung der Wahrheit.

„Wem Gott rechte Erkenntnis aller Dinge mitteilt, dem wird das Dünken, Wähnen und Meinen benommen; der braucht nicht mehr zu fragen nach Worten und Beweisen, wie er sie von anderen Menschen gehört oder aus der eigenen Vorstellung geschöpft hat. Eine Offenbarung, die früher einmal für einen anderen stattgefunden hat, kann für uns nur eine Anleitung sein; wo aber die Offenbarung der Wahrheit im eigenen Innern stattfindet, da hört in der unmittelbaren Anschauung alles Gleichnis auf. Das Leben in der Wahrheit, in der Selbsterkenntnis Gottes ist ein unmittelbares Empfangen vom Heiligen Geiste (der Selbsterkenntnis). Der „Götter Kinder" sind diejenigen, welche die Schrift lesen und in ihrem Innersten verstehen und sie in guten Werken erfüllen, bis sie die Wahrheit in Gott empfinden lernen. In dem Lichte des Glaubens begreifen sie die Heilige Schrift, bis sie durch das Licht des Glaubens in den Tau der Gnade kommen, und in diesem lernen sie Gefallen finden an den Wegen des ewigen Lebens; aber diejenigen, welche „Götter" (Adepten) genannt werden, sind die, welche in Gott tot sind und an denen nichts mehr lebt als Gott. Sie sind verborgen in der Einheit mit Gott und leben ein göttliches Leben. Und die Dritten, „der Götter Väter", sind die vollkommensten; denn sie sind versunken in die grundlose Tiefe Gottes, und Gott lebt nicht allein in ihnen, sondern sie leben auch in Gott.[2)] *Sie haben die Hügel und Berge überstiegen und sind zur wahren Sonne gelangt, und die flammende Glut des Heiligen Geist hat alle Materie an ihnen verbrannt, sodass da nichts erscheint, als ein Licht in Gott.*[3)]

---

1) 58,8 – 62,15 – 66,7.

2) Siehe Anmerkung am Ende.

3) 242,28 – 102,13.

Was man in Worte fasst, das begreifen die niederen Seelenkräfte (Kama-Manas); daran genügt es den oberen Seelenkräften nicht; sie dringen immer weiter, bis in ihren Ursprung, aus dem die Seele geflossen ist. Wer Gott kennen will, der muss frei sein von allem kunstfertigen Denken; erst wenn der Mensch über alles intellektuelle Begreifen hinausgehoben, im Lichte des Glaubens steht, findet sich Gott ungehindert, in ihm zu wirken. Dahin gelangt niemand durch eigenes Wollen und Spekulieren, sondern nur durch die reine Anschauung und klare Vernunft. Wenn sich das göttliche Licht in die Seele ergießt, so wird sie mit Gott gereinigt, wie ein Licht mit dem anderen und das heißt dann ein Licht des Glaubens. Wohin die Seele mit ihren Kräften und Sinnen nicht zu kommen vermag, dahin trägt sie der Glaube (das Licht). Als dieses unergründliche Licht macht uns der Glaube durch die Größe des (einfachen) Erkennens frei von allem (zusammengesetzten) Wissen; durch die Größe des (göttlichen) Willens frei von allem (persönlichen) Wollen, und durch die Fülle der Bilder von der Anziehung einzelner Bilder frei. Ein wahrer ernstlicher Glaube ist weit mehr als alles Wähnen; in ihm haben wir ein wahrhaftes Wissen.[1)]

Der Glaube ist in der Tat eine geistige Anschauung, ein geistiges Begreifen, Fühlen und Erkennen, ohne welches kein intellektuelles Verständnis möglich ist, wie ja auch im äußerlichen die Anschauung eines Gegenstandes dem Verständnisse seiner Zusammensetzung vorangehen muss, wenn von einem wirklichen Wissen und nicht bloß von einer selbst gemachten Vorstellung die Rede sein soll. Zu dieser geistigen Anschauung gehört aber die geistige Liebe, wodurch man den Gegenstand der Erkenntnis (das wahre Selbst) zu erkennen begehrt, sich geistig zu ihm angezogen fühlt, es geistig ergreift und es erfasst.

Es ist mit der Liebe gerade wie mit der Angel des Fischers. Dem Fischer wird der Fisch nicht zuteil, er hafte denn an der Angel; hat ihn aber die Angel erfasst, so ist der Fischer des Fisches sicher, wie sehr sich der Fisch auch sträube. Wer von der Liebe gefangen wird, der trägt die aller stärkste Fessel und doch eine süße Bürde. Wer diese Bürde auf sich genommen hat, der erlangt mehr und wird dadurch mehr gefördert, als durch alles theoretische Wissen und durch alle äußeren Übungen. Nichts macht dich Gott zu eigen, als dieses süße Gebundensein. Wer diesen Weg

---

1) 469,6,24 – 513,9,12 – 475,35 – 406,34 – 591,11 – 566,39.

gefunden hat, der suche keinen anderen. Wer an dieser Angel haftet, der ist so gefangen, dass Fuß und Hand, Mund, Augen, Herz und alles, was im Menschen ist, Gott (dem göttlichen Dasein) eigen sein muss. Der Tod scheidet die Seele vom Leibe; aber die göttliche Liebe scheidet alles von der Seele; was nicht Gott oder göttlich ist, das duldet sie nicht. Wer in diesem Netz gefangen ist und diesen Weg wandelt, tut alles, was er tut, aus Liebe, oder vielmehr die Liebe tut es durch ihn, und ihr gehört es an; er tue etwas oder nichts, daran ist nichts gelegen. Eines solchen Menschen unbedeutendstes Tun ist ihm nützlicher und Gott wohlgefälliger, als aller Menschen Übung, die in geringerer Liebe stehen; sein Ruhen ist nützlicher als anderer (selbstsüchtiges) Wirken; darum habe allein acht auf die Liebe, so wirst du in ihr selig gefangen, und je mehr du gefangen bist, desto mehr bist du frei (von dir selbst).[1)]

Dass aber ein Mensch nicht so viel Liebe hat, als ein anderer, das ist seine Schuld, weil er sich (in seinen früheren Daseinsformen) nicht so gut dafür vorbereitet hat, wie dieser. Das Fünklein der Seele erlischt niemals; die in der Seele erwachte Erkenntnis Gottes schwindet niemals so ganz, dass sich der Mensch nicht erheben und aus der Sünde zu Gott wenden könnte. In jedem Augenblicke kann es im Menschen licht werden, sobald er nur seines freien Willens mächtig wird.[2)]

Gott gibt jedem das Beste, je nachdem er mehr erkennt und es ihn am meisten fördert. Oft ermahnt uns Gott zum Guten durch allerlei Ungemach. Könnten wir es verstehen und verhielten wir uns dazu, wie wir sollten, so könnten wir zu Gnaden (in der Liebe) kommen. Die Gnade gelangt an die Seele, verhüllt in der Lehre; aber rein und unwiderstehlich wirkt sie, wo der Geist der Selbsterkenntnis (der Heilige Geist) ohne alle äußere Vermittlung in das Herz einspricht, und das Herz sie versteht und willig aufnimmt.[3)]

Die Gnade ist das Werk Gottes in uns. Sie kann nicht ohne unsern Willen in uns mächtig werden; aber unser Wille kann auch nichts tun, um sie zu erlangen; wir können sie nicht auf uns herabziehen, sondern nur die Hindernisse wegräumen, die ihrem Wirken im Wege sind. Alle Gaben

---

1) 29,12.

2) 395,20.

3) 395,20 – 200,35.

Gottes sind von Gottes Gnade und unverdient, uns geziemt es, stets bereit zu sein, sie zu empfangen und ihrer geduldig zu warten. Kein Mensch, der die Sünde will, kann sich von selber bekehren; es ist noch weniger möglich, dass ein Sünder aus eigener Kraft sich bekehre, als dass ein Mensch sich selber töte und sich aus eigener Kraft wieder lebendig mache. Wer sich nach einem verkehrten (nach unten gerichteten) Willen bekehren will, der muss sich durch die Kraft des göttlichen Willens emporziehen lassen. Das Licht der natürlichen Vernunft (Manas) ist gegen das Licht der Gnade (Buddhi) wie ein einziger Tropfen gegen das Meer, und noch tausendmal geringer. Soll ich Gott in dem wesentlichen Punkte, der da in der Mitte steht, allen Kreaturen gleich ferne und gleich nahe, erkennen, soll ich ihm genähert werden, so muss meine natürliche Vernunft über sich erhoben werden durch ein Licht, das höher steht als sie. Wäre mein Auge ein Licht und so kräftig, dass es das Licht der Sonne in seine Kraft aufnähme und mit demselben eins würde, so geschähe dies nicht durch meine eigene Kraft, sondern durch das in mir wirkende Licht der Sonne. So ist es mit meiner Vernunft. Kehre ich die Vernunft, die mir Licht ist, von allen Dingen ab, und richte ich sie auf Gott, dessen Licht ohne Unterlass als Gnade ausströmt, so wird meine Vernunft durch dieses Licht erleuchtet und in Liebe mit ihm vereint, und darin lernt meine Seele Gott lieben und erkennen, so wie er an sich selbst ist (und nicht so, wie man ihn bloß beschreibt). Ohne den Geist der Erkenntnis vermögen wir nichts. Ohne die Wirksamkeit Gottes ist Leib und Seele, tot. Die Seele ist wie ein abgestorbener Baum und vermag keine Frucht zum Leben hervorzubringen; es sei denn die Gnade fortwährend in ihr mächtig. Darum kann die Seele selber nichts tun; des Menschen eigenes Wollen muss vielmehr aufhören und die Seele Gott in sich walten lassen. Dadurch wird der Wille in die Freiheit erhoben. Das ist eben das sichere Zeichen des Lichtes der Gnade in der Seele, wenn der Mensch mit seinem freien Willen sich von vergänglichen Dingen ab und dem Ewigen, Gott, dem höchsten Guten zuwendet.[1)]

Sobald der Glaube erwacht, ist auch die Hoffnung schon da, und mit dem ersten Schimmer der geistigen Erkenntnis, welcher in die Seele eintritt, erscheint die Gewissheit des Besitzes, wo kein Zweifel mehr möglich ist.

---

1) 446,16 – 217,40 – 229,21 – 273,38 – 364,11 – 366,31 – 77,27 – 385,6.

Auf jener Stufe des Denkens, wo es nichts anderes umfasst, als das wahre Sein, ist nur dieses reine Wesen als einziger Inhalt, das Licht, welches in der Seele aufgeht. Wo wir selbst nicht mehr wollen und denken, da ist Gott das Wollende und Denkende in uns; sein Wille tritt an die Stelle unseres Selbstwillens und seine Fülle greift in uns Platz, sobald wir durch Austreiben des Selbstwahnes vollkommen leer geworden sind. Da hat sich der Mensch durch seinen freien Willen alles eigenen Wollens entschlagen. Ganz stille halten und ganz leer sein ist da das Allerbeste. Wohl möchte man zum Teil durch „sich" und zum Teil durch Gott (dem wahren Selbst) bereitet werden; aber das ist unmöglich. Du kannst nicht so schnell des Bereitem gedenken oder es begehren, dass nicht Gott dir dennoch zuvor käme.[1)]

Da Gott das wahre Selbst, alles und außer ihm nichts ist, so ist auch in Wirklichkeit nichts vorhanden, das sich mit ihm vereinigen könnte; denn es hat sich niemals irgendetwas von ihm getrennt. Der Mensch, ein Strahl der ewigen Sonne des Weltalls, hat sich ein „Scheinselbst" gebildet, und dieses Scheinselbst bildet sich ein, etwas von Gott Verschiedenes zu sein.

Es handelt sich deshalb eigentlich nicht um eine Vereinigung von Gott und Mensch, die sich niemals getrennt haben, sondern nur darum, dass der Mensch den falschen Schein, die Täuschung, den Irrtum und Selbstbetrug überwindet, und dadurch zur Erkenntnis seines eigenen wahren Wesens, der Gottheit, gelangt.

Dass wir Gott nicht finden, daran ist schuld, dass wir ihn in Gleichnissen suchen, der doch kein Gleichnis hat. Würde die Seele sich selber erkennen, so würde sie auch Gott erkennen. Dass sich die Seele in Vorstellungen bewegt und ihren Gott in Vorstellungen fasst, das kommt davon her, dass sie sich selber nicht kennt und sich von Vorstellungen täuschen lässt. In die Gottheit versinkend, verliert die Seele alles objektive Wahrnehmen und erkennt sich selbst als alles. Wir sollen das ewige Wort verstehen, wie es von der Gottheit unmittelbar in die Seele gesprochen wird, und wie es in keine Worte gefasst werden kann. Was man in Worte fassen kann, ist allzu gering; von alledem unterrichtet das ewige Wort die Seele in einem Augenblick. Alle dogmatischen Vorstellungen sind nicht die Wahrheit selber. Alles, was man so in Worte fasst und in Bilder, ist nur eine

---

1) 27,15.

Lockung zu Gott, eine Einladung an den Menschen, in sein eigenes wahres Selbstbewusstsein zu kommen. Wer sich mit bloßen Theorien, Hypothesen und Meinungen begnügen lässt und nicht selbst mit der Seele Kräften, mit Erkenntnis und Liebe weiter dringen will, der bleibt zurück.[1)]

Wer Herr über sein eigenes Denken werden will, der muss sich über sein eigenes Denken erheben, selber der Denker sein.

Das Denken und Wollen in Verstandesbegriffen reicht nicht an die Gottheit hinan. Das Wort fließt aus Gott und bleibt doch in Gott; alle Taten Gottes sind wundersam, unbegreiflich und unglaublich; wären sie begreiflich und glaublich, so wären sie nicht übermenschlich, nicht göttlich. Zum Erkennen des wahren Selbsts ist eine Erhebung der Seele über alle Verstandesbegriffe (und Hirngespinste) erforderlich, und darin liegt die höchste Erkenntnis. Zum klaren Verständnisse und zum vernünftigen unterscheidenden Begreifen in Bildern und Formen kommen viele; aber deren gibt es wenige, die über diesen Standpunkt hinauskommen. Um so viel lieber ist auch Gott ein Mensch, der frei von allen selbst gemachten oder angelernten Vorstellungen ist, als hundert Tausend, die sich selbst genießen in ihrer dialektischen Fertigkeit und damit die Einkehr Gottes in ihrer Seele hindern.[2)]

Der Glaube entspringt der Vernunft; er wird aber fruchtbar im Willen, und der Wille wird fruchtbar durch den Glauben. So ist das Licht des Glaubens die Ursache jener Erhebung in das Unendliche. Die Vernunft empfängt von außen, sie hört und vernimmt, sie setzt Unterschiede voraus, ordnet, bestimmt. Wie sie ihre Aufgabe vollendet, soweit sie es vermag, so bleibt ihr noch ein Höchstes, das sie nicht ergründen kann; nur dass es ein höchstes (Ideal) sei, weiß sie. Dies teilt sie nun in dem gemeinsamen Seelengrunde, nicht in ihrer Bestimmtheit, als Vernunft dem Willen mit. So erhebt sie den Willen über sich und versetzt ihn in jenes Höchste. Da stürzt sich der Wille in das Unbewusste, welches Gott selber ist. Weil der Glaube in diesem Sinne der tiefste Beweggrund des Willens ist, so wird er als das Innerliche dem Gebote als einem äußerlichen Bestimmungsgrunde des Handelns entgegengesetzt.[3)]

---

1) 513,31 – 76 – 469,6,24 – 513,9.

2) 206,29 – 513,12.

3) 384,7 – 521,30 – 439,3.

Wo es sich deshalb um die geistige Selbsterkenntnis, d. h. um die Erkenntnis der ewigen Wahrheit in sich selbst handelt, da ist es nicht um ein bloßes Wissen oder um die Befriedigung der wissenschaftlichen Neugierde, sondern um die Aufnahme der geistigen Kraft des göttlichen Selbstbewusstseins zu tun, welches die Nahrung der Seele ist. Diese Kraft, durch welche der Geist erstarkt und sich entfaltet und ausbreitet, ist für die Seele ebenso nötig, als es die materielle Nahrung für den materiellen Körper ist. Millionen Menschen, ungeachtet ihres Scheinwissens und ihrer Scheinmoral verhungern, weil ihre Seele nicht die Nahrung erhält, die sie zu ihrem Leben und Wachstum bedarf. Deshalb sollte der Mensch lernen, dem Vergänglichen zu entsagen und sein Herz dem Göttlichen zuzuwenden, um dessen Licht und Kraft zu empfangen. Diese Entsagung, durch welche das Höchste erlangt wird, nennt man die „Buße".

Die rechte Buße allein befähigt uns, dass wir Gott wahrhaft in uns aufnehmen. Durch sie erkennen wir jegliche Sünde und erreichen es, dass Gott von allem, was wir an ihm suchen, einen Widerschein in uns findet.[1)]

Durch die Aufnahme des göttlichen Lichtes erlangt die Seele in dem unmittelbaren Eingehen in Gott (das göttliche Selbstbewusstsein) eine volle Erkenntnis aller Dinge; sie bedarf dann keiner äußeren Beschreibung mehr; sie schaut nicht mehr in Bildern und Vorstellungen; sie ist nicht mehr gebunden an bestimmte Begriffe, noch an die Aussprüche der Heiligen Schrift noch an irgendeines Menschen Lehre. Viel mehr, als sie von außen erlangen könnte, trägt sie schon in sich und prägt es dann in allen Kräften aus, sodass Wille und Gedächtnis, wie die niederen Seelenkräfte, alle gleichmäßig Diener und Werkzeuge jenes höchsten Erkennens werden und das ganze Leben des Menschen ein göttliches Leben wird. Damit erlangt auch der Wille das unbegrenzte Vermögen, dass ihm alles möglich wird, und dass er das Empfangene in einem heiligen Leben ausprägen kann.[2)]

So wird der innere Mensch durch die im Innersten erwachende Kraft der Erkenntnis durchdrungen, gestärkt und erleuchtet, und die Tugend des inneren durchleuchtet den äußeren Menschen wie die Glut das Eisen durchdringt, sodass schließlich sogar das Äußere mit dem Inneren

---

1) 659,27.

2) 242,26 – 37,18 – 667,34.

in völligen Einklang kommt und der eine Gottmensch sein Bild in den menschlichen Persönlichkeiten widergespiegelt findet. Diese Kraft ist die Liebe.

Die Liebe ist dasselbe wie Gott, und soviel wir in der Liebe wohnen, so viel wohnen wir in Gott; sie verleiht allen Tugenden, dass sie den Namen Tugend (von „taugen") führen können. Wo die (selbstlose) Liebe vorhanden ist, da wirkt sie Großes; wo nicht heilige und vollkommene Werke erscheinen, da muss auch die Liebe gering oder gar nicht vorhanden sein. Wenn die Seele um andere Tugenden eher bemüht wäre, als um die Liebe, so hätte sie überhaupt keine Tugend. In allen den Antrieben, in denen wir zur Liebe gereizt werden, da treibt uns nichts anderes, als der Heilige Geist (die Selbsterkenntnis). Das Ziel, auf welches die Liebe alle ihre äußeren Wirkungen richtet, ist die Güte, und diese Güte ist Gott. Nichts kann gut heißen, es geschähe denn in der Liebe. Die Liebe aber soll rein (selbstlos), ledig und abgeschieden (von Eigennutz) sein; sie soll sich nicht richten auf „mich", noch auf irgendetwas außer sich, sondern allein auf die Güte und Gott (das Selbst, welches alles umfasst). Deshalb erstreckt sich die wahre Liebe auf alles in gleicher Weise. Was du liebst, das sollst du in Gott lieben; in ihm ist dein Nächster gerade so wie du selbst Gegenstand deiner (selbstlosen) Liebe. (Du selbst bist das Selbst, welches die Liebe ist). Hast du dich selber lieb, so hast du alle Menschen lieb, gerade so wie dich selber. Solange du noch einen Menschen weniger lieb hast als dich selber, so lange hast du dich selbst noch nicht in Wahrheit lieb.[1)]

Diese Liebe zum wahren Selbst (Gott) kann sich nur dann völlig offenbaren, wenn die Seele von allem frei wird, was dem Nichtselbst, d. h. dem Scheinselbst angehört.

Die Seele muss sich von allem entblößen, was nicht zu ihrem Wesen gehört. Sollen wir in den Grund Gottes eindringen, so müssen wir zu allererst in unseren eigenen Grund eingehen. Das ist die rechte Demut, dass ein Mensch sich bewusst bleibe, was er von Natur ist, ein aus Nichts geschaffenes Etwas (ein Nichts, das „Etwas" zu sein scheint), dass er im Tun und Lassen nicht selber wähle, sondern die Erleuchtung durch die Gnade (das Licht des wahren Selbsts) abwarte, um im Tun und Lassen das

1) 377,39 – 606,33 – 378,17 – 352,35 – 61,4 – 208,26 – 310,9.

Rechte zu finden; das ist die rechte Demut der Natur. Die Demut des Geistes aber ist, dass er alles Gute, was Gott in ihm tut, sich ebenso wenig zuschreibe oder zueigne, als er es tat, da er (sein Scheinselbst) nicht war.[1)]

Wer sein Scheinselbst aufgibt, der begehrt auch nichts mehr, weder für sich selbst, noch für einen „anderen“, er erlangt alles, ohne dass er es verlangt, und alle anderen empfangen es durch ihn; denn er ist alles selbst. Durch Ungeduld wird nichts erreicht; stellt sich aber die Geduld ein, so ist die Zufriedenheit schon da.

Die Geduld ist das Aufgeben des Eigenwillens und Eigensinnes, die schrankenlose und völlige Hingabe an Gott, die das Wesen der Tugend bildet. Was Gott dem Gerechten (d. h. dem Selbstlosen) gibt, Krankheit oder Armut, oder was immer sonst, das hat er lieber als jedes andere, weil es Gott will. Wäre es nicht Gottes Wille (Karma), in demselben Augenblicke wäre es auch nicht. Sobald dir Gottes Wille gefällt, so bist du überall im Himmel, was dir (deiner Person) auch geschähe. Wir sollen Gott (das wahre Selbst) mit uns machen lassen, was er will, ganz als ob wir nicht wären. Gott soll in allem, was du bist, ebenso gewaltig sein, wie in seiner eigenen ungeschaffenen Natur. Wenn unser Wille Gott wird, das ist gut; aber wenn Gottes Wille unser Wille wird, das ist weit besser. Die Geduld macht alles Leiden süß und verwandelt das, was dem natürlichen Menschen die bitterste Pein ist, in die höchste Seligkeit, in die Gewissheit der Gegenwart Gottes in unserem Leiden; dass er mit uns leidet (in uns „gekreuzigt“ ist), und dass wir leidend und entbehrend Gott näherkommen als in Freude und Bequemlichkeit.[2)]

Yoga oder die Vereinigung des Menschen mit Gott, d. h. mit dem unsterblichen Selbst, besteht somit in nichts anderem, als dass der Mensch durch die Kraft des ihm innewohnenden göttlichen Selbsts, den durch die Täuschung der Form herbeigerufenen Selbstbetrug überwinde, sich zu seinem wahren Selbstbewusstsein durch diese innere Kraft emporheben und in seinem wahren Selbst Herr seiner „selbst“, seiner Empfindungen und Gedanken, seines Wollens und Begehrens, seines Tuns und Lassens, mit anderen Worten, sein eigener Herr werde. Dies ist der Endzweck aller Religion und auch derjenige des Christentums, und deshalb wurde, ganz

---

1) 225,31 – 295,21

2) 146,32 – 293,31 – 55,5 – 426 – 435 – 441.

abgesehen von allen „historischen Tatsachen", der Mensch Jesus Christus als ein Vorbild aufgestellt, um uns nach ihm zu richten.

Christus allein (die Gottheit, die in der Menschheit als Gott erscheint) ist unser Ende, dem wir nachfolgen, und unser Ziel, dem wir zustreben sollen, und mit dem wir vereinigt werden sollen in seiner ganzen Herrlichkeit, je nach dem Maße, in dem uns diese Vereinigung zugehört. Die echten Bekenner Gottes nehmen das Leben und die Lehre unseres Herrn Jesu Christi für sich zu einem (idealen) Vorbilde, um sich ohne Unterlass darin abzuspiegeln und alles ablegen zu können, was diesem herrlichen Vorbilde unähnlich ist (und sie hindert, in ihm verwirklicht zu werden).[1)]

1) 295,7 – 478,6.

Schlussbetrachtung

Diese Auszüge aus den Werken des christlichen Meisters J. Eckhart werden genügen, um anschaulich zu machen, dass die wahre christliche Lehre in ihrem innersten Wesen identisch mit der indischen Yogalehre ist. Dass aber die darin enthaltene Wahrheit von so wenigen begriffen wird, kommt davon her, dass, wie Shankaracharya sagt, so wenige die Fähigkeit besitzen, das dauernde Selbst (Gott) vom Nichtdauernden (der am Irdischen haftenden Persönlichkeit) zu unterscheiden. Viele hängen an einem äußerlichen Ideale, einem äußerlichen Erlöser, der das Produkt ihrer eigenen Vorstellung ist, und mit dem sie innerlich nichts gemein zu haben glauben, und hindern sich dadurch, das wahre Ideal in sich selbst zu verwirklichen, den wahren Erlöser in sich selber erwachen zu lassen.

Das aber ist der Zweck aller Religion und der Zweck unserer Reinkarnationen auf Erden, dass der Mensch Herr über sein falsches eingebildetes Selbst werde, und den wahren Erlöser in sich selbst finde und eins mit seinem Gott und durch diesen eins mit dem Gott des Weltalls werde. Der Gott eines jeden Menschen aber, der ihn dem Gott des Weltalls näher bringen kann, ist seine eigene freie und unbeschränkte Individualität, welche „im Himmel" lebt und dennoch auf Erden in seiner Persönlichkeit inkarniert ist. Deshalb heißt es auch, dass Jesus gesagt habe: „Soviel Menschen auf Erden sind, so viel gibt es Götter im Himmel", und über allen diesen Göttern stehen der Götter „Väter".

Die Geheimlehre sagt in Bezug auf die Väter der Götter folgendes: „Der Herr des Weltalls (Brahma) hatte „sieben Söhne", d. h. die geistige Sonne des Weltalls (der Logos) offenbarte sich in sieben Strahlen oder Söhnen des Lichts (Dhyani Buddhas). Aus diesen entsprangen deren Chayyas (Schatten), die himmlischen Bodhisattwas, die Prototypen der irdischen Bodhisattwas und Buddhas, und schließlich die (geistigen) Menschen. Diese sieben Söhne des Lichtes" werden auch die sieben „Sterne" genannt (und jeder Mensch ist der Abkömmling eines solchen Sternes, er gehört zur Familie eines dieser sieben Söhne)."

„Der Stern, unter welchem eine menschliche Einheit geboren ist, bleibt sein Stern durch alle seine Inkarnationen (sein höheres Selbst) in einem Manvantara. Dies ist aber nicht sein astrologischer Stern; der letztere bezieht sich nur auf seine Persönlichkeit (Karma), der erstere auf seine (geistige) Individualität. Der „Engel" dieses Sternes oder der Dhyani Buddha ist entweder der leitende oder nur der vorstehende „Engel" bei jeder neuen Wiedergeburt der Monade, welche ein Teil des eigenen Wesens dieses Engels ist, wenn auch dessen Gefäß, der Mensch, nichts davon weiß. Jeder Adept hat seinen Dhyani-Buddha oder „ältere Zwillingsseele" (Seelenbräutigam) und ist sich dessen bewusst. Er nennt sie die „Vaterseele" und „Vaterfeuer" (oder den „Vater im Himmel").

„Infolge dieser, der ganzen Menschheit zugrunde liegenden siebenfältigen Offenbarung der alleinigen Wesenheit besteht die ganze Menschheit aus sieben von einander verschiedenen Klassen mit ihren Unterabteilungen, und jede Menschenseele gehört einer von diesen sieben Klassen oder Offenbarungen des Einen an. Dies war stets allen Initiierten bekannt, und deshalb sagt Jesus: „Ich und mein Vater sind Eins" (Joh. X, 30); „Ich kehre zu meinem Vater zurück", usw. Diejenigen Menschen, welche aus demselben göttlichen Lichtstrahle entsprungen sind, sind sich geistig verwandt. Deshalb hat auch jede Klasse von Adepten ihre eigene „Gemeinschaft der Seele" und der einzige Weg, einer solchen „Bruderschaft" beizutreten, ist, dass jeder sich unter den Einfluss desjenigen Lichtes bringt, welches seinem eigenen Logos entspringt."

Dass der Mensch weder sein eigenes wahres Selbst noch dessen „Vater im Himmel" findet, daran ist die Schuld, dass er nichts von ihm wissen will, und dessen göttliche Erkenntnis (Theosophie) nicht in seinem Bewusstsein erwachen und zur Offenbarung gelangen lässt, sondern sich an äußere Ideale bindet, die ebenso vergänglich sind wie er selbst.

Der Zweck der Theosophie ist, sich von der Vergänglichkeit aller äußerlichen Ideale (selbst der Vorstellung eines äußerlichen Erlösers) zu überzeugen, sich von ihnen frei zu machen, und das wahre unvergängliche Ideal sich in uns verwirklichen zu lassen. Dieses Ideal ist „göttlich", d. h. frei, grenzenlos, unbeschränkt, formenlos, allgegenwärtig, über alle menschlichen Begriffe erhaben; es ist nicht an Zeit und Raum gebunden und deshalb unsterblich, erhaben über Leben und Tod. Es ist die Liebe, die Wahrheit, die Gerechtigkeit selbst, welche, wenn wir sie in uns zur Tat werden lassen, in uns zur Wirklichkeit und zum Wesen wird, und ihren Charakter schließlich auch dem äußeren Menschen aufdrückt, sodass auch der äußere Mensch als das, was er sein sollte, ein Ebenbild seines Gottes erscheint.

Dr. med. Franz Hartmann ausgewählte theosophische Werke

Dr. med. Franz Hartmann (1838-1912) gilt als der bedeutendste deutsche Mystiker des 19. Jahrhunderts. Er ist nicht nur ein geborener Mystiker großen Formats, der eine größere Anzahl hoch qualifizierter eigener Werke von individuell-originalem Gepräge geschaffen hat, sondern er ist auch ein Neuverkünder und verständnisvoller Kommentator der mittelalterlichen deutschen Mystiker Meister Eckhart, Theophrastus Paracelsus von Hohenheim, Jakob Böhme, Angelus Silesius usw., wie auch der altindischen und chinesischen Mystik. Er hat deutsche Mystiker ins Englische und orientalische Mystiker ins Deutsche übertragen. Seine Übertragungen ins Deutsche sind nicht so sehr buchstabengetreue, bis auf den i-Punkt philologisch genaue, trockene und langweilige Übersetzungen, als vielmehr sinngetreue, vom Geist und Leben des Originals erfüllte Übertragungen. Wer mystische Werke sinngetreu in flüssige Sprache übersetzen will, muss eben selbst ein Mystiker sein. Buchstabenkritische Philologen, die keinen Sinn für Mystik haben, können das nicht.

Es ist deshalb leicht zu verstehen, dass Hartmann infolge dieser seiner eigenen mystischen Natur von den leitenden Schicksalsmächten der Menschheit der theosophischen Bewegung zugeführt wurde, um daselbst bald eine führende Rolle zu übernehmen. Er kam anfangs der achtziger Jahre nach Indien in das Hauptquartier der Theosophischen Gesellschaft, um H. P. Blavatsky, die Gründerin der Theosophischen Gesellschaft, persönlich kennen zu lernen, nachdem er durch ihre Schriften auf sie aufmerksam geworden war. Er blieb dort eine Anzahl von Jahren als einer ihrer besten Mitarbeiter und wurde auf Anraten der Meister ihr Vertreter, als sie auf eine längere Zeit nach Europa ging. Im Verlauf dieser Tätigkeit kam Hartmann mit Meistern der „Weißen Loge“, von denen einige die Lehrer Blavatskys und die Inspiratoren zur Gründung der Theosophischen Gesellschaft waren, in persönlichen und schriftlichen Verkehr, den er dann für die ganze Dauer seines ferneren Lebens aufrechterhalten hat. Als seine Aufgabe in Indien erfüllt war, kehrte er nach Europa zurück, um im Auftrage der Meister die theosophische Bewegung in Deutschland in die von den Meistern gewünschte Bahn zu lenken. Er entfaltete hier eine rege schriftstellerische und rednerische Tätigkeit, indem er 1893 die erste deutsche rein theosophische Zeitschrift „Lotusblüten“ ins Leben rief, zahlreiche theosophische Werke schrieb und deutsche Übersetzungen der hervorragendsten orientalischen heiligen Schriften selbst herausbrachte oder veranlasste, und 1897 die „Internationale Theosophische Verbrüderung“ gründete, deren geistiger Führer er bis zu seinem Lebensende blieb.

Raja Yoga

Hatha Yoga und Tantrika oder weiße und schwarze Magie und Hexerei

Vorbemerkung des Herausgebers

Obwohl im Vorwort zum ersten Teil dieser Schriften schon auf den krassen Unterschied zwischen Raja- und Hatha Yoga aufmerksam gemacht worden ist, sei an dieser Stelle nochmals darauf hingewiesen. Es kann gar nicht scharf genug auf die Folgen des Missbrauchs der hier in Frage kommenden Kräfte gewarnt werden. Im Heimatlande der Yogalehre, Indien, ist diese Gefahr nicht so groß wie für uns Westländer; denn in Indien ist man nicht so egoistisch eingestellt wie bei uns im Westen. Dem Inder ist das Trachten nach Selbstlosigkeit gar keine unverständliche Forderung, da ihm scin Wiederverkörperungs- und Karmaglaube dieses Streben leicht verständlich macht. Bei uns im Westen ist dagegen ein sogenannter „gesunder Egoismus" eine Selbstverständlichkeit. Hier wird jeder für einen Trottel, Fantasten oder Schwärmer gehalten, der die Selbstlosigkeit als Voraussetzung zur Berechtigung des Strebens nach Erlangung höherer, göttlicher, Kräfte fordert. Dem Inder sind außerdem auch die anderen Yogasysteme, die weit über dem Hatha Yoga stehen und auf die Entwicklung des rein Geistigen im Menschen gerichtet sind, gut bekannt, und sie werden auch angewendet. Durch die Verbindung des Hatha Yoga mit den anderen Systemen werden die Gefahren des Hatha Yoga mehr oder weniger vermieden, weil dadurch der Egoismus ausgeschaltet wird. Der sogenannte „praktische Sinn" des Abendländers dagegen ist von vornherein darauf gerichtet, herauszufinden, welchen Nutzen er für seine persönlichen Interessen aus einer Sache ziehen kann. Ihm ist es dabei immer um materielle Güter (Reichtum, Einfluss, Macht, Ansehen, Befriedigung seines Wissensdranges, Ehrgeizes usw.) zu tun. Infolgedessen konzentriert sich sein Interesse für Yoga hauptsächlich auf den Hatha Yoga, weil dieses System auf die Erlangung persönlicher Vorteile (Entwicklung astraler Kräfte wie z. B. Hellsehen, Blick in die Zukunft, Telepathie, Herrschaft über Dämonen usw.) gerichtet ist und auch die Erlangung solcher Kräfte verspricht.

Diese astralen Kräfte werden vom Abendländer fälschlich für „höhere" Kräfte gehalten. Sie sind es aber keineswegs; es sind nur niedere, dämonische Kräfte, die sich durch Hatha Yoga entwickeln lassen, und deren sich die Fakire und Gaukler im Orient bei ihren Zaubereien bedienen. Von geschäftstüchtigen Abendländern werden die sich hieraus ergebenden Ausbeutungsmöglichkeiten dieses Systems auch gleich erkannt und in Anspruch genommen. Forderung nach Steigerung und Veredlung der moralischen Kräfte wird dabei in blinder Gier nach persönlichem Gewinn übersehen oder bewusst rundweg abgelehnt. Die übrigen Yogasysteme, die die „Loslösung vom vergänglichen persönlichen Selbst und dessen Aufgehen im All-Selbst“ fördern, finden wenig Beachtung.

Der wahre Yoga hat es nur mit dem inneren Menschen zu tun, der Seele und dem Geiste. Diese letzteren beiden bilden das unsterbliche wahre „Ich“ des Menschen, das als der „ewige Pilger“, ähnlich wie ein Sonnenstrahl aus der Sonne, aus dem ewigen Urgründe der Gottheit ausgezogen ist, um auf dieser Pilgerfahrt durch die Welt der Erscheinungen (Maya) Erfahrungen zu sammeln und auf diesem Wege aus dem Zustand der unbewussten göttlichen Vollkommenheit im Schoss der nichtoffenbaren (absoluten) Gottheit in den Zustand der bewussten Vollkommenheit zu gelangen. Es ist hier nicht der Ort, um diesen Entwicklungsgang zu schildern, das ist an anderer Stelle geschehen*). Bei der Yogalehre handelt es sich nicht um den Auszug des „ewigen Pilgers“, sondern lediglich um dessen Heimkehr, den „Weg zurück zu Gott“. Diesen Weg lehren alle Yogasysteme mit Ausnahme des Hatha Yoga, der sich nur mit den Kräften des persönlichen Menschen befasst und den Namen „Yoga“ eigentlich gar nicht verdient. Man könnte ihn allenfalls als eine „Hilfswissenschaft“ für die praktische Durchführung mancher Yogaübungen bezeichnen, denn der Hatha Yoga bringt eine Darstellung der astralen Konstitution des Menschen, der astralen Organe und Kräfte, und gibt Anleitungen, wie man dieselben anwenden kann. Näheres entnehme man der Broschüre „Hatha Yoga, die Physiologie des Astralkörpers“ von N. Iyer. Übersetzt von Dr. Hartmann. (Wurde als letztes Kapitel dieses Buches eingefügt)

Die praktische Ausübung des wahren Yoga besteht in Konzentration und Meditation, d. h. in der Sammlung und Hinlenkung der Gedanken auf das höhere (göttliche) „Ich“ des Menschen, den in ihm und durch ihn wirkenden Gottesstrahl und um die Versenkung des Gemüts in Gott. Bei diesen Übungen wirken gewisse Körperhaltungen und Atemübungen beschleunigend. Aber sie sind keineswegs notwendig, da diese Kräfte ganz von selbst im Menschen erwachen, sobald er die erforderliche Reife erlangt hat. Deshalb sind auch die wahren Meister gegen eine künstlich hervorgerufene Beschleunigung der natürlichen Entwicklung. Die Hatha

Yoga-Übungen wirken aber überaus unheilvoll, wenn sie, statt Mittel zum Zweck zu sein, zum Selbstzweck gemacht und in den Dienst der Selbstsucht gestellt werden.

Die Bhagavad Gita sagt nichts über Hatha Yoga, obwohl doch Krishna von nichts anderem spricht als von der Vereinigung der Menschenseele mit der Gottheit, dem Zweck des Yoga. Auch Buddha sagt kein Wort über Hatha Yoga, wenn er über den Pfad zum Nirwana, dem Ziel aller Yogalehre, spricht.

Da die westlichen Völker so gut wie nichts von den Gefahren des Hatha Yoga wissen und blind in das Verderben hinein marschieren, wenn sie nicht gewarnt werden, ist die Herausgabe warnender Schriften eine Notwendigkeit.

Ehe wir uns mit einer Auseinandersetzung der Gesetze beschäftigen, welche magische Einwirkungen hervorzubringen imstande sind, müssen wir vor allem feststellen, was unter der Bezeichnung „Magie" zu verstehen ist.

Magie (von mag, Priester, magnus, groß) bezeichnet die große und erhabene Wissenschaft, welche auf einer Erkenntnis der in der Menschennatur und auch in der Natur im großen und ganzen enthaltenen, aber größtenteils schlummernden „geistigen" Kräfte beruht. Da die Größe und Erhabenheit des Menschengeschlechtes in unserem modernen Kulturzustand nur mehr von wenigen erkannt werden kann, so ist auch diese große und erhabene Wissenschaft für die meisten verloren gegangen, und selbst der Name „Magie" ist für den gebildeten Pöbel zu einem nichtssagenden Worte herabgesunken, unter dem er sich höchstens die Ausübung von Taschenspielerkunststücken vorzustellen vermag. Erst durch die Wiedereinführung des den Alten längst bekannten „Hypnotismus" hat die moderne Wissenschaft den Weg betreten, der sie zur wirklichen Magie, leider aber nur zur teuflischen „schwarzen" Magie, führen wird, wenn nicht mit dem Fortschritte der Wissenschaft zugleich eine Veredelung des Charakters derjenigen, welche sie ausüben, eintreten wird.

Die Ausübung geistiger Kräfte zu gänzlich selbstlosen Zwecken, welche nichts anderes als das Gute im Auge haben, ist „weiße" Magie; werden aber einmal erwachte göttliche Kräfte zu niederen, selbstsüchtigen oder materiellen Zwecken gebraucht, so wird dies „schwarze" Magie genannt, und ein Verfallen in dieselbe ist das größte Unglück, das einen

Menschen betreffen kann, da er sich dadurch von der einen, wahren Wesenheit (Gott) lostrennt, und dadurch seine Unsterblichkeit verliert.

Mit anderen Worten, die weiße Magie ist das Resultat einer Erhebung der Seele zum ewig Guten und Wahren, die natürliche Folge seiner Vereinigung (Yoga) mit Gott (Raja = der Herr); schwarze Magie dagegen ist eine Herabwürdigung und Herabziehung göttlicher Kräfte zum Dienste des persönlichen, vergänglichen Selbsts, wodurch die Seele selbst erniedrigt, vertiert und ihres göttlichen Selbstbewusstseins verlustig wird.

Einer der Wege zu dieser Erniedrigung ist die Ausübung von Hatha Yoga (die sogenannte „Wissenschaft des Atems“), der andere ist die Ausübung der Tantrikas, womit die Verbindung mit „Elementargeistern“ (Devas, Dämonen, Astralleichen, usw.) gemeint ist, durch welche gewisse Wirkungen hervorgebracht werden können. Die Anfangsstufe zu dieser bildet der moderne Spiritismus und die glücklicherweise nur wenigen bekannte Nekromantik und Hexerei.

Um nun obigen Darlegungen den Charakter willkürlicher Behauptungen zu nehmen und ihnen eine wissenschaftliche Grundlage zu geben, ist es nötig, uns noch einmal die Zusammensetzung des Menschen und der Natur (Mikrokosmos und Makrokosmos) vor Augen zu halten, und zwar wollen wir, um die Sache zu vereinfachen, nur die dreiteilige Klassifizierung der Hauptgruppen anführen:

1. Der Geist (Atma), welcher alles erfüllt und durchdringt, der aber nicht teilbar ist, den kein Mensch sich aneignen lassen kann, sondern den jeder sich selber aneignen muss, wenn er in ihm das ewige Leben und das Bewusstsein von dessen Unsterblichkeit erlangen will.

2. Die Seele (Buddhi-Manas). Das Verbindungsglied zwischen dem Geiste und dem Körper, dem Allselbstbewusstsein des Ewigen und Wahren, und dem trügerischen „Selbstbewusstsein“ seiner Persönlichkeit, welche eine vergängliche Täuschung und das vorübergehende Resultat des Sonderseins seiner Körperform ist.

3. Der Körper (Maya). Darunter verstehen wir nicht bloß den sinnlich wahrnehmbaren Körper von Fleisch und Blut, sondern auch dasjenige, was man im gewöhnlichen Leben als „Geist“ bezeichnet, nämlich seinen Astralkörper, seine irdische Vernunft, materiellen Intellekt, Instinkte, persönliche Neigungen usw. Alles dies ist vergänglich und hat keinen bleibenden Wert.

Der Geist ist die Wahrheit, das eine Sein, welches aber für den Menschen keine Existenz hat, solange er dasselbe nicht erkennt. Die Seele ist das Licht, durch welches der Mensch die Wahrheit erkennt. Der Körper ist der Schatten, den das Licht in der Materie verursacht; diese Materie liefert aber zugleich das Material für das Feuer, aus dem das Licht seine Nahrung zieht. Der Körper sollte deshalb dem Lichte zur Nahrung dienen, d. h., unsere physischen, psychischen und intellektuellen Fähigkeiten sollten darauf hinwirken, die Seele zu erheben, zu stärken und sie der Vereinigung mit dem „Einen Göttlichen" fähig zu machen, nicht aber das Licht im Körper einzuschränken und die Kräfte, welche Gott (dem unpersönlichen Menschen) angehören, den selbstsüchtigen Zwecken der Persönlichkeit zu opfern. Kama, d. h., die Begierde nach Besitz, soll überwunden werden und an dessen Stelle die Erkenntnis des wahren alleinigen Seins treten.

Was weiß die materielle Wissenschaft vom „Heiligen Geist"? Dennoch ist aus diesem Geiste Gottes das ganze Weltall entstanden, und alles, was wir sehen, sind die durch ihn hervorgebrachten Erscheinungen. Dieser Geist ist fortwährend tätig in der Natur und kann auch jetzt noch Welten erschaffen, wenn er durch ein sich in Wahrheit selbstbewusstes Wesen bewegt wird. Dasjenige aber, was diesen Geist in Bewegung setzt, ist die Kraft des göttlichen Willens, und dieser Wille gehört nicht dem beschränkten persönlichen Menschen, sondern dem im Geiste der Wahrheit wiedergeborenen göttlichen Menschen an. Deshalb sollte der nach dem Besitz magischer Kräfte strebende Mensch vor allem suchen, alle seine selbstsüchtigen Wünsche, Begierden und Gedanken im Feuer der göttlichen Liebe, d. h. der Erkenntnis Gottes in allem, zu opfern. Er sollte in jene Sphären emporwachsen, wo es kein „Ich" und „Du", kein „Dein" und „Mein" gibt, wo die Selbstsucht, der Eigennutz und das persönliche Interesse aufhört und nur die selbstlose Liebe zum Guten, das Streben nach der Vollkommenheit des Ganzen übrig bleibt. Der Weg dazu wird *Raja Yoga* genannt.

Es gibt im Indischen viele Werke, welche von der Art, Raja Yoga zu üben, handeln; unübertroffen ist hierin die Bhagavad Gita. Wir brauchen aber nicht über das Meer zu reisen, um diesen Weg kennenzulernen, denn er ist auch in den christlichen Lehren enthalten, nur mit dem Unterschiede, dass die letzteren im Laufe der Zeiten teilweise so verkehrt gelehrt, teilweise so oberflächlich aufgefasst worden, und durchweg so wenig wissenschaftlich begründet und erklärt sind, dass sie von den gebildeten Klassen kaum mehr ernst genommen werden und die Religion überhaupt nur zum Zeitvertreib und als Modesache oder zu Nebenzwecken betrieben wird. Wer tiefer in die Geheimnisse der christlichen Religion eindringen will, der muss nicht in dem Zeremoniell der Kirchen, sondern in der Mystik nach Erklärungen suchen. Allerdings steht ihm auch in der deutschen Mystik das Hindernis im Wege, dass die Bezeichnung „Gott“ in verschiedenartigem Sinne gebraucht wird, weil wir im Deutschen nur das eine Wort „Gott“ haben, während es im Indischen je nach dem Sinne, in welchem es zu verstehen ist, verschiedene Bezeichnungen (Parabrahm, Brahman, Brahma, Iswara, Karma, Alaya, Mahat, Atma, usw.) gibt.

„Tue alles hinweg von deiner Natur, was nicht göttlich ist, und es bleibt nur das göttliche Wesen übrig“, sagt Meister Eckhart. „Gott ist eins und dasselbe, was ich bin; Gottes Wesen ist mein Leben; darum muss, was Gottes ist mein und Gottes Substanz meine Substanz sein. Wo Gott und Geist ihre sie unterscheidende Besonderheit verloren haben, da bin ich der Sohn Gottes, den Gott von Ewigkeit geboren hat; wo ich dann bin, da ist Gott, und wo Gott ist, bin ich. Es gibt keine innere Vereinigung, als die zwischen Gott und der Seele.“ (Eckhart 590, 32. – 267,4.)

Ähnlich lauten die Lehren anderer deutscher Mystiker; aber von dem persönlichen Dasein des Menschen bis zum Absoluten, von seinem täuschenden „Ich“ bis zum Nirwana ist ein weiter Sprung, und die Lehren von Meister Eckhart, Jakob, Böhme, Paracelsus, Thomas von Aquin, Thomas von Kempen, Angelus Silesius, usw.) werden so lange nicht richtig befolgt werden, solange sie nicht richtig verstanden werden. Den Schlüssel zu deren Verständnis bietet uns die indische okkulte Philosophie.

Ohne dieses Verständnis des Zusammenhanges der Dinge in der unsichtbaren Natur werden sich wenig Menschen dazu verstehen, sich demjenigen höheren Gefühlsleben hinzugeben, aus dem die Erkenntnis entspringt, und ohne dieses Wahrheitsgefühl im Herzen besteht alle Religiosität nur aus Träumen und Schwärmerei. Zwei Wege sind es, die zur Erkenntnis der Wahrheit führen, der Weg des Verstandes und der Weg des Gefühls[1]. Beide ergänzen sich gegenseitig. Der Praxis geht die Theorie

---

1) Siehe Blavatsky, „Die Stimme der Stille“ (Die zwei Wege).

voran, ohne welche sie nur ein Tappen im Dunkeln wäre, und die Theorie allein führt zu nichts, wenn die Praxis ihr nicht folgt.

Die Ausübung des Raja Yoga besteht deshalb in dem selbstlosen Suchen nach der Wahrheit, im Studium der Natur und der darin waltenden physischen, psychischen, geistigen und göttlichen Kräfte, vor allem aber in einem Reinhalten des Gemüts, Klarheit des Gedankens und Festigkeit des eigenen Willens, welcher von den Mystikern als der lebendig machende „Glaube" bezeichnet wird. Dieser Glaube hat nichts mit religiösen Meinungen, Vorstellungen oder kirchlichen Dogmen zu tun, sondern er besteht in der Wahrnehmung der Wahrheit durch das innerliche Gefühl. „Wir sollen", sagt Eckhart, „uns nicht mit bloßen Vorstellungen begnügen, sondern in der Schule des heiligen Geistes lernen, wo der Himmel (das höhere Selbstbewusstsein) die Schule, das Buch ein lauteres Herz, die Ewigkeit die Lektion, das unerschaffene Licht der Lehrmeister ist; wo man nicht außer sich zu suchen hat, was einen zur ewigen Seligkeit fördere, sondern alle Wahrheit in sich erlebt." (616,11).

Die Folge dieses Glaubens ist die Entsagung von allem, was dem Reiche der Täuschung angehört und keinen bleibenden Wert hat, und die Ergebung (das Eingehen) in das Wollen des göttlichen Ichs (Atma-Buddhi). In diesem Ich ist die Erkenntnis der göttlichen Wahrheit enthalten, und dadurch, dass der geistige Mensch (Manas) in dieses göttliche Licht eingeht und sich eins mit demselben fühlt, nimmt er an dieser Erkenntnis teil. Dies ist die „wissenschaftliche" Erklärung, weshalb aus dem Glauben, welcher eins mit der Liebe ist, die Erkenntnis entspringt.

Die Bhagavad Gita erklärt dies in folgenden Worten: „Der Herr (Ishvara), welcher im Herzen von allen wohnt, bringt beständig alle Dinge durch seine Allmacht nach ewigen unabänderlichen Gesetzen hervor. Nimm deine Zuflucht zu Ihm, mit deinem ganzen Wesen. Dann wirst du durch seinen Geist den höchsten Frieden, das göttliche Dasein erlangen." (Kap. XVIII, 61.)

Der zur innerlichen Erleuchtung gelangte Mensch, in dem das geistige Leben erwacht ist, erkennt sich selbst als einen Bewohner (der höheren Welt) des Lichtes und blickt herab auf seine Persönlichkeit, als seinen auf Erden wandelnden Schatten. Dieser „Schatten" ist aber zugleich auch seine irdische Wohnung und der fruchtbare Boden, aus welchem er seine Kräfte zur weiteren Entwicklung zieht. Dieser Körper ist wie alles Körperliche, sozusagen kristallisierter Geist, und in ihm sind die

Keime zu allen Kräften enthalten, welche dem göttlichen Menschen zugehören. Diese Keime sind wie „Magnete“, welche korrespondierende Kräfte aus der Natur anziehen; ähnlich wie jede Pflanze dasjenige aus ihrer Umgebung aufnimmt, was ihrer Natur entspricht. Wer den Weg des Raja Yoga geht, der strebt der Sonne der göttlichen Weisheit zu und erhebt sich zu ihr durch die Kraft der göttlichen Liebe, wie ja die Blumen des Feldes auch durch die Wärme belebt ihre Kelche dem Einfluss des Lichtes der irdischen Sonne öffnen, und wie die Pflanzen durch die Einwirkung von Luft und Licht ohne ihr eigenes Zutun wachsen, so entfalten sich auch durch den Einfluss des göttlichen Lichtes die Keime und magischen Kräfte von selbst in demjenigen, der sich ohne persönliche Rücksichten dem Einflüsse des göttlichen Geistes ergibt.

Da nun aber der Körper alle diese Keime enthält, so ist es auch möglich, einzelne derselben, allerdings auf einer nur niederen Stufe, auf künstliche Weise zur Entwicklung zu bringen, und hierauf gründet sich der glücklicherweise in Europa nur wenig bekannte Missbrauch, der mit magischen Kräften getrieben werden kann.

Die Wissenschaft, welche davon handelt, ist *Hatha Yoga* (hatha – Atem) und sie führt auf den Weg zur „schwarzen“ Magie, welche mit dem Verluste der geistigen Individualität enden muss. Raja Yoga ist der Weg, auf dem durch geistige Mittel die Materie vergeistigt und veredelt wird; Hatha Yoga ist der Weg zur Materialisierung und Erniedrigung des Geistes durch materielle Mittel, wodurch die Seele vertiert und, von ihrem göttlichen Stamme losgerissen, der Vernichtung entgegen geht.

Derjenige dagegen, welcher auf dem Wege der schwarzen Magie wandelt, verehrt nicht die Sonne der Weisheit, sondern seine eigene Person. Das Licht zieht ihn nicht an, und er strebt nicht dem Lichte entgegen, er sucht nur, es seinen persönlichen Interessen dienstbar zu machen oder es für die persönlichen Zwecke anderer zu verwenden. Vom Lichte getrennt, wohnt er als ein Schatten unter den Schatten, verlassen von Gott, seinem unsterblichen Ich, das er verlassen hat, und das nun nicht mehr sein Ich ist.

Der Raja Yogi dagegen, welcher zur Initiation gelangt ist, d. h., in welchem durch den Einfluss des Geistes die Morgenröte der Erkenntnis aufgegangen ist, erkennt sich und seine unsterbliche Natur. Ihm ist Tod und Leben gleich; er sieht, dass das Leben sowohl als auch der Tod nur Illusionen sind, vorübergehende Zustände der Materie, welche wohl das

Haus, in welchem er während kurzer Zeitperioden wohnt, nicht aber ihn selbst betreffen.

Der Hatha-Yogi, welcher sich in den persönlichen Besitz magischer Kräfte zu setzen trachtet, kann sich nur als einen sterblichen Menschen erkennen; ihm ist das Leben in dieser Welt oder auf der Astralebene der Güter höchstes und er sucht es um jeden Preis zu verlängern. Von Täuschungen umgeben, selbst eine Täuschung, kümmert er sich nicht um die Wahrheit und dient der Lüge, wenn sie ihm dienlich dünkt. Ehre und gegebenes Wort gilt ihm nichts, und er zögert nicht, die höchsten Interessen anderer zu opfern, sobald er dabei einen Vorteil für seine eigene Person zu erhaschen glaubt.

Während der Raja Yogi jederzeit bereit ist, das Leben seines Körpers zum Wohle der Menschheit zu opfern, würde derjenige, welcher den dunklen Mächten entgegenstrebt, nicht einen Augenblick zögern, die ganze Welt zu vernichten, wenn es in seiner Macht läge und er sich dadurch den geringsten persönlichen Vorteil zu erringen glaubte. Beispiele von solchen Wahnsinnigen gibt es viele, und erwähnen wir nur den Marschall von Frankreich Gilles de Laval de Raiz, welcher in wenigen Jahren weit über hundert Frauen und Kinder zu Tode folterte, um sich dadurch in den Besitz magischer Kräfte zu setzen.

Es versteht sich wohl von selbst, dass nicht jeder Tor, der die „Wissenschaft des Atems“ probieren will und sich damit die Zeit vertreibt, den Atem anzuhalten, solange er kann, dadurch schon zum Verbrecher oder „Schwarzkünstler“ wird; aber eine längere Zeit fortgesetzte Übung ähnlicher Versuche vermehrt die Selbstsucht, leitet zur Immoralität, zu physischen Störungen im Organismus und schließlich zum Wahnsinn und zum Verbrechen. Von solchen, die, wie uns persönlich bekannt, sich mit dergleichen Versuchen befassten, verkamen alle sowohl physisch als moralisch; zwei verfielen dem Wahnsinn und einer endigte durch Selbstmord. Alle solche Praktiken haben gar keinen Zweck, als höchstens denjenigen, für unverhältnismäßig große Kosten die „wissenschaftliche Neugierde“ zu befriedigen. Alle „Askese“ im gewöhnlichen Sinne des Wortes, alle Selbstpeinigung, alles „Sitzen für Yoga“ ist schlimmer als nutzlos, denn es entwickelt höchstens mediumistische Eigenschaften, welche ebenso wenig wünschenswert sind, als die Pest. Sie dienen zu einer Schwächung und Erniedrigung des wahren Selbstbewusstseins, anstatt zu einer Stärkung desselben.

Zu einer höheren Stufe des Bewusstseins und der Erkenntnis emporzuwachsen, ist zu leben; auf eine tiefere Stufe zu versinken, ist der Tod. Das Ideale in sich zur Wirklichkeit werden zu lassen, ist der Weg zur Unsterblichkeit; das Ideale materiellen Zwecken dienstbar machen zu wollen, führt zur Lostrennung vom Idealen und zur Vernichtung des Selbstbewusstseins des unsterblichen Menschen in der Persönlichkeit. Nichts ist ewig als die Wahrheit, weil die Wahrheit die Wirklichkeit ist, und was nicht in Wirklichkeit ist, das kann nur Täuschung und Lüge sein und geht unfehlbar zugrunde.

In der Philosophie der indischen Weisen spielt der physische Körper des Menschen (Stuhla Scharira) gar keine Rolle; ja, er wird in ihrer Einteilung der Prinzipien, welche zur Konstitution des Menschen gehören, gar nicht einmal erwähnt, weil er ebenso wenig ein Bestandteil der Konstitution des wirklichen Menschen ist, als der Boden, auf dem eine Pflanze wächst, zur Natur dieser Pflanze gehört.

Da aber die europäischen „Orientalisten“ in der Regel davon nichts wissen, es auch nicht begreifen können, und alles vom gewohnten materiellen Standpunkte aus betrachten, so erwachsen aus ihren Übersetzungen indischer Werke unzählige Missverständnisse und verkehrte Behauptungen, welche die Lehren der alten Weisen in den Augen der Unverständigen in Misskredit bringen.

Die indische Weisheitslehre hat als ihren Ausgangspunkt Gott (Parabrahm) und von diesem Standpunkte aus beleuchtet sie die Welt der Erscheinungen. Die europäische Spekulation, welche sich „Wissenschaft“ nennt, hat als ihren Mittelpunkt und Ausgangspunkt den persönlichen, irdischen, vergänglichen Menschen, welcher ein Gebilde der Täuschung (Maya) ist, von verkehrten Begierden aufgebaut, mit Trug überdacht.

Die Philosophie der indischen Weisen sucht den Trug zu zerbrechen, die Kerkerhaft auf Erden überflüssig zu machen und den wahren Menschen seiner Freiheit zurückzugeben. Die europäische „Wissenschaft“ dagegen sucht die ganze Welt dem menschlichen Kadaver dienstbar zu machen; für sie gibt es nichts Höheres, als was dieser Kadaver mit seinem Scheinleben sinnlich begreifen kann; das Wohlergehen und die Bequemlichkeit dieses Kadavers, die Vermehrung seines Scheinwissens ist ihr höchster Zweck. So wohnt der Weise im ewigen Lichte; die „Wissenschaft“ aber spielt mit vergänglichen Schatten, bis sie selbst wieder in das Nichts zurückkehrt, aus dem sie gekommen ist.

Es versteht sich von selbst, dass wir damit nicht der materiellen Wissenschaft den Krieg erklären, sondern sie nur vom Standpunkte des ewigen und unsterblichen Menschen als eine Täuschung erklären. Wie dem Menschen physische Organe gegeben sind, um damit im physischen Leben zu wirken, so ist ihm auch ein Gehirn gegeben, um damit zu denken und die Existenz seines Körpers auf Erden zu wahren und angenehm zu machen. Wessen ganzes Sinnen, Trachten und Streben aber nur auf das Wohlbefinden seines irdischen Daseins gerichtet ist, wer dieses vergängliche Leben als den Endzweck seines Daseins betrachtet, der erkennt seine höhere Natur nicht und verfehlt seine höchste Bestimmung. Werden aber im Menschen erwachende geistige Kräfte zu niederen Zwecken missbraucht, so befindet sich der Mensch auf dem Weg zum Verderben. Er schafft sich seinen Schwerpunkt im Niedrigen (Kama-Manas) und bricht seine Verbindung mit dem Höheren (Buddhi-Manas).

Durch die Verwendung des sogenannten „Hypnotismus" hat die moderne Wissenschaft einen Schritt in dieser Richtung getan. Durch dergleichen Einwirkungen werden die Schwingungen von Atma-Buddhi im Körper gelähmt, das höhere Selbstbewusstsein paralysiert und schließlich die Verbindung zwischen der wahren Vernunft und dem psychischen Organismus des Menschen gebrochen, sodass der letztere nur noch ein Spielball von Kräften wird, die nicht sein eigen sind.

Er erkennt dann nicht mehr den Willen „Gottes" in ihm, sondern handelt nur mehr nach dem Willen des Hypnotiseurs. Hierdurch wird aber der eigene geistige Wille in ihm (der Geist seines Willens) so geschwächt, dass er auch anderen Einflüssen als denjenigen des Hypnotismus zugänglich wird, und dann hat es auch mit seiner Selbstbeherrschung ein Ende. Allerdings hat eine solche Willenseinwirkung manches scheinbar Gute, da hierdurch gewisse Hindernisse aus dem Wege geschafft werden können. Der Zweck des Lebens ist aber nicht, Hindernisse zu umgehen, sondern sie zu bewältigen; nicht den Kampf zu vermeiden, sondern zu siegen; nicht die Folgen unseres Karmas hinauszuschieben, bis sie mit verdoppelter Kraft wiederkehren, sondern sie in Geduld zu ertragen, bis sie erschöpft sind; nicht das Böse zu ignorieren, sondern zu lernen, darüber erhaben zu sein.

Raja Yoga ist die Vereinigung mit Gott; mit anderen Worten, die Verwirklichung des höchsten Idealen. Aber der tierische Mensch kann das Ideale in sich nicht aus eigener Kraft zur Verwirklichung bringen; es verwirklicht sich in ihm von selbst durch die Kraft des „Gehorsams“, d. h., dadurch, dass er dasselbe in sich Wirklichkeit werden lässt.

Hatha Yoga weiß nichts vom höchsten Idealen und erkennt nicht das höchste Sein, es beschränkt sich auf die Einwirkung der fünf niederen Tattwas unserer materiellen Welt; es will das Vergängliche zum Unvergänglichen stempeln und verfolgt dabei eine Illusion.

An die Ausübung von Hatha Yoga schließt sich diejenige der *Tantrika* an, d. h., die Befolgung der zeremoniellen Magie, richtiger gesagt der „Hexerei“. Wer den Hexenglauben des Mittelalters für einen „wissenschaftlich überwundenen Standpunkt“ hält, der erklärt damit bloß, dass das Verständnis für psychische Vorgänge in moderner Zeit so tief gesunken ist, dass man die Einwirkungen des bösen Willens nicht mehr wissenschaftlich begreifen kann. Die Tatsachen lassen sich wohl ignorieren, aber nicht wegleugnen. Die okkulte, d. h., die höhere Wissenschaft, welche nicht jedermanns Sache ist, geht tiefer; sie erkennt, dass außer den sichtbaren Menschen und Tieren noch andere, wenn auch für unsere Sinne unter gewöhnlichen Umständen nicht sichtbare Geschöpfe im Weltenraum existieren, und sie weiß, dass es Mittel gibt, sich mit diesen Wesen in Verbindung zu setzen und sogar sie, insofern sie auf einer niedrigen Stufe der Intelligenz stehen, sich dienstbar zu machen.

Die „wissenschaftliche Erklärung“ hierfür ist, dass in der menschlichen Konstitution alles „im Keime“ enthalten ist, was im Makrokosmos sich in entwickelter Form befindet, und dass gleiches zu gleichem geneigt ist und sich gegenseitig anzieht. Wer das Gute im Herzen trägt, wird zum Guten geleitet und das Gute kommt zu ihm, und wer die Keime des Bösen in seiner Seele kultiviert, der wird vom Bösen angezogen und ihm wird das Böse zuteil. Die Kraft des gesprochenen Wortes, durch welches das Gefühl zum Ausdruck gelangt, ist nicht nur den Anhängern der weißen Magie, sondern auch denen der schwarzen bekannt, und die Verehrer der Tantrika suchen deshalb durch „Zauberformeln“, Gesänge, Musik, Zeremonien usw. sich mit diesen Wesen in Verbindung zu setzen, ihre Gunst zu erlangen und sie sich dienstbar zu machen.

Ein großer Teil unserer modernen Religionsübungen besteht in einer Karikatur dieser Tantrika Übungen; denn wenn wir in den Kirchen durch unsere Gebete und Zeremonien Gott dazu bereden wollen, uns diesen oder jenen persönlichen Vorteil zu beschaffen oder zu gewähren, so besteht dies in gar nichts anderem als in einem Versuche, ein über uns und unsere kleinlichen Bedürfnisse erhabenes Wesen uns dienstbar zu machen. Die ganze Armee der Heuchler und gewinnsüchtigen Frömmler, welche sich in die Gunst Gottes einzuschleichen trachten, ihn mit Heulen und Schreien, Singen und Beten zu bewegen suchen, seinen Willen zu ändern und ihrem Wollen sich zu fügen, unterscheiden sich von dem Tantrika-Helden der „Heiden" nur dadurch, dass sie nicht wissen, was sie tun, während die „Heiden" die Sache auf wissenschaftlicher Grundlage und mit Kenntnis der Ursache und Wirkung betreiben. Die möglichen Folgen dieser Deva- und Tantrika-Verehrung wurden bereits an anderer Stelle beschrieben.

Über die Wesen, welche der Gegenstand der Anrufung und Verehrung der Tantrika sind, sagt ein bekannter Schriftsteller: „Das Leben ist ein alles durchdringendes Prinzip, und selbst aus dem, was zu sterben scheint und sich zersetzt, entwickeln sich neue Formen von lebendigen Wesen. Wenn schon die einzelnen Wassertropfen, wie auch die Sterne am Himmel bewohnte Welten sind, so sollte der natürliche Menschenverstand hinreichen, um uns zu überzeugen, dass die uns umgebende Unendlichkeit, welche man „Raum" nennt, und die die Erde von dem Monde und den Sternen trennt, auch ihre gewissen dafür geeigneten lebendigen Wesen hat. Im Wassertropfen sehen wir Ungeheuer, die im Vergleich mit anderen groß und entsetzlich sind. So ist es auch mit den Bewohnern der Luft (des Astrallichtes). Manche davon besitzen außerordentliche Weisheit, andere sind dem Menschen feindlich gesinnt und von schrecklicher Bosheit, wieder andere sind wie gute Botschafter zwischen der Erde und den Himmeln." (Bulwer-Lytton, Zanoni).

Wer imstande ist, die ganze Welt mit allen ihren Erscheinungsformen als eine Offenbarung des ewigen allgegenwärtigen Seins zu betrachten, für den hat die Idee, dass überall Leben ist, nichts Abenteuerliches, Sonderbares oder Unwahrscheinliches, und dass dieses Leben sich in den verschiedenartigsten Formen und mit den verschiedenartigsten Eigenschaften offenbart, lehrt uns die tägliche Erfahrung; aber alle diese Geschöpfe, vom höchsten Engel bis zum halbintelligenten Elementarwesen, sind nichts anderes als Erscheinungen, in denen sich die gebrochenen Lichtstrahlen des Lichtes der ewigen Weisheit widerstrahlen, und über allen diesen steht der Mensch (Manas), der Eins mit der Quelle der Weisheit geworden ist und sich als solcher erkennt.

Anhang

Als Ergänzung und Mittel zur Erlangung eines tieferen Verständnisses des in den vorstehenden Ausführungen Dr. Hartmanns Gesagten bringen wir nachstehend noch eine Antwort von ihm aus seiner theosophiscben Korrespondenz mit den Lesern seiner ehemaligen Zeitschrift „Lotusblüten“, welche häufig Anfragen an ihn richteten, die er im „Briefkasten“ der Lotosblüten beantwortete, soweit diese Fragen und Antworten von allgemeinem Interesse waren.

Ferner bringen wir einen Auszug aus einem Artikel des indischen Yogi Rohit Mehta in der Zeitschrift „Adyar“ sowie einen Auszug aus der „Geheimlehre“ von Blavatsky, welche beiden Auszüge sehr aufschlussreich sind und Hartmanns Ausführungen ergänzen.

Hartmann schreibt in den „Lotosblüten“:

Die Übungen der indischen Fakire und mohammedanischen Derwische gehören dem Hatha- Yoga an. Der Hatha-Yogi sucht als ein von „Gott“ verschiedener, persönlicher Mensch ins Geistige einzudringen, „etwas aus sich selber zu machen“, und da gelingt es ihm mitunter, gewisse Kräfte in sich zu erwecken, die er dann nicht beherrschen kann. Die indischen Mahatmas, die mohammedanischen Sufis und christlichen Mystiker tun das Gegenteil hiervon. Sie suchen den Erdgeist in ihnen zu nichts werden zu lassen, damit der göttliche Geist sich in ihnen aus seinem eigenen Willen offenbaren kann. Dies wird Raja Yoga genannt und ist nirgends besser und deutlicher als in der Bhagavad Gita beschrieben.

Alles, was natürlich ist, wächst aus innerer Kraft, von innen nach außen, und nicht umgekehrt. Wo das Wesen vorhanden ist, da drückt es sich als Wort, in Haltung, Gang, Sprache und Handlung aus. Wer in seinem Charakter königlich gesinnt ist, der erscheint, wie Shakespeare sagt, auch „jeder Zoll ein König“. Nun wird allerdings das innere Wesen leichter zum äußeren Ausdruck gelangen, wenn sich ihm das äußere akkommodiert; wo aber das innere Wesen nicht vorhanden ist, da ist das äußere nur Schein und Komödie; ein Schauspieler, der sich auf der Bühne einbildet, ein König zu sein, und „jeder Zoll“ als solcher erscheint, ist deshalb doch nichts als ein Schauspieler, und seine Rolle ist zu Ende, wenn der Vorhang fällt.

Der Hatha Yogi sucht gottähnlich zu werden; der Raja Yogi sucht in seiner Selbstheit nichts zu sein damit „Gott“ (Atma-Buddhi) in ihm alles werden kann, und wird hierdurch „selber“ Gott. Der tierische Mensch (Kama-Manas) kann nicht mit seinem göttlichen Ich denken, da ihm dasselbe nicht unterworfen ist; wohl aber kann die Gottheit (Atma-Buddhi-Manas) im tierischen Menschen denken, fühlen, wollen und sprechen, wenn der tierische Mensch (Kama-Manas) sich ihr unterwirft, und dadurch aufhört, tierisch (Kama) zu sein. Stünde das Göttliche dem Erdgeiste zur Verfügung, um damit nach Belieben zu schalten und zu walten, so verfiele die ganze Welt in die „schwarze Magie“. Man würde es sezieren, analysieren und in ein Museum einsperren wollen, und jeder würde es zu seinem persönlichen Vorteile und zur Schädigung der anderen benützen.

Es handelt sich wohl nicht darum, die Selbstheit (das illusorische Selbst) zu stärken, und auch nicht darum, es aus selbstsüchtigen Gründen zu unterdrücken, wodurch es nur konzentrierter wird, sondern aus dieser Selbstheit durch die Kraft der selbstlosen Liebe, welche die Wahre Selbsterkenntnis ist, herauszuwachsen. Eine Pflanze kann sich nicht selbst wachsen machen; sie kann nur dasjenige in sich aufnehmen, was sie findet. Jakob Böhme sagt: „Wenn du von Sinnen und Willen deiner Selbstheit stille stehest, so wird in dir das ewige Hören, Sehen und Sprechen offenbar, und höret und sieht Gott durch dich. Dein eigen Hören, Wollen und Sehen verhindert dich, sodass du Gott nicht siehst noch hörst.“ (Übersinnliches Leben I, 3).

„Folget meinem Rat und gehet aus eurem schweren Suchen in der (irdischen) Vernunft ein in Gottes Willen, in Gottes Geist (Atma) und werfet die äußerliche Vernunft (Spekulation) weg, so ist euer Wille Gottes Wille und Gottes Geist wird suchen in euch.“ (Vierzig Fragen L 36).

Der Oupnekhat sagt desgleichen: „Wenn das Herz rein wird, wird es Atma (Geist, reine Vernunft) und zeigt, dass es selbst der Herr ist. Wer ohne Wünsche oder Verlangen nachdenkt, dessen ganzes Wollen geht in ihm auf, sein Verlangen ist Atma.“ Mit anderen Worten: Der Mensch liebt nichts mehr, ist auch kein „Mensch“ mehr, sondern die Liebe selbst, die sich selber in allem erkennt.“

So sagt auch Meister Eckhart: „Wo die Kreatur endet, da erst beginnt Gott. Gott begehrt von dir nichts anderes, als dass du aus dir selber, wie du mit dem Kreatürlichen behaftet bist, hinausgehst und Gott in dir sein lassest. Soll die Seele Gott erkennen, so muss sie auch sich selber verlieren und vergessen; denn indem sie sich selber sieht, erkennt sie Gott nicht."

Es findet da keine allmähliche Umwandlung eines Tieres in einen Gott (wie die Idealisten meinen) statt, sondern ein Hinausgehen aus dem persönlichen, endlichen, ins unendliche göttliche Sein. „Tue alles weg von dir, was nicht Gott ist, und es bleibt nur Gott übrig." (Eckhart).

Alles dies ist nichts neues. Es wurde zu allen Zeiten von allen Weisen gepredigt, aber stets nur von denen verstanden, die es selber erfahren.

Zu lehren glaubt ich oft, was ich an mir erfuhr;
Sah dann, ich unterschrieb ein altes Sprichwort nur.
Das eben ist der Sinn des Sprichworts: Wir gewahren
Erst seinen Sinn, wenn wir es selbst erfahren.
Rückert.

Wer für sich selbst keinen Wunsch mehr hat, in dem werden sich alle Wünsche erfüllen.

Yogi Rohit Mehta schreibt:

Seit dem Kriege hat ein zunehmendes Interesse für Yoga um sich gegriffen, besonders in westlichen Ländern. Die Menschen sind sich aber sehr unklar über Yoga. Die meisten bringen ihn mit Atemkontrolle oder mit körperlichen Stellungen in Verbindung. Im Westen gibt es eine ganze Menge von Yoga-Instituten, die den Leuten eine falsche Vorstellung von Yoga vermitteln. Unglücklicherweise ist der erhabene Yoga zu einem Geschäft erniedrigt worden, und viele Leute machen Yoga mit, um sich zu verjüngen oder weltlichen Erfolg zu erlangen. Yoga, wahrer Yoga, befasst sich im Grunde mit der Läuterung des Verstandes, und in diesem Aspekt ist er in der heutigen Zivilisation sehr notwendig.

Unsere Zeit macht eine gewaltige psychologische Krise durch. Der Druck des Lebens hat ungemein zugenommen. Zwischen den objektiven und den subjektiven Faktoren des menschlichen Lebens ist eine Disharmonie geschaffen worden. Die moderne Psychologie versucht die Vorgänge des menschlichen Verstandes mittels dessen zu studieren, was als „Tiefentechnik" bekannt ist. Aber die Tiefe der modernen Psychologie ist zu unbedeutend und zu oberflächlich. Im Yoga hat man es mit der wahren Tiefenpsychologie zu tun …

Man glaubt allgemein, dass der Pfad des Yoga sehr schwer zu beschreiten sei. Dies ist eine der Fehlansichten über Yoga. Der Weg des Yoga ist sehr einfach. Sagte nicht Christus: „Mein Joch ist sanft und meine Last ist leicht?“ Mit diesem Ausspruch wies er darauf hin, dass der Pfad des spirituellen Lebens einfach ist und dass er daher von allen beschritten werden kann. In allen Religionen kommt Yoga in der einen oder anderen Form vor. Wenn wir uns der Mystik der Religionen zuwenden, begegnen wir unfehlbar der Lehre vom Yoga. Im Christentum ist es der Gedanke der „mystischen Vereinigung“, der die wichtigste Lehre des Yoga enthält.

Yoga ist Vereinigung. Vereinigung womit? ... Merkwürdigerweise haben wir es bei Yoga . . . mit dem Problem der Vereinigung mit uns selbst zu tun. Aber sind wir denn von uns selbst getrennt? Unser Bewusstsein ist nicht mehr das „Ganze“ – es ist in tausend Stücke gespalten worden ... So sind wir von unserem ursprünglichen Wesen getrennt worden. Yoga soll uns wieder damit vereinen, die Wiederherstellung unserer „Ganzheit“ vollziehen ... Im Yoga kommen unsere getrennten Teile des Bewusstseins zusammen. Yoga ist tatsächlich das Suchen nach diesem transzendentalen Faktor. Aber bei diesem Suchen gibt es gewisse Hindernisse.

Es sind fünf Hindernisse. Das erste ist Unwissenheit. Es ist nicht im gewöhnlichen Sinne des Wortes das Fehlen von Kenntnissen, die wir uns erwerben können. Es handelt sich um das Fehlen von Selbsterkenntnis. Wir haben vergessen, wer wir sind. Dies beschreibt die Bhagavad Gita als Verwirrung des Gedächtnisses. Wir wissen auch nicht, was wir sind, und so ist durch dieses Nichtwissen das zweite Hindernis entstanden: falsche Identifizierung. Diese hat das „Ich“ geschaffen, und wir sind ständig dabei, dieses „Ich“ zu schützen.

Aber dieses Ich ist in Wirklichkeit das „Nicht-Ich“; denn es ist das Ergebnis einer falschen Identifizierung. Wir verstärken fortwährend dieses falsche Ich, indem wir ein Gebäude von Dingen errichten, an denen es hängt oder die es verwirft.

Diese bilden das dritte und vierte Hindernis. Das Ich, mit dem wir uns identifiziert haben, ist eigentlich dieses Bündel von Lieb gewordenem und Unerwünschtem mit den unzähligen Gegensatzpaaren. Daraus entsteht das fünfte Hindernis, der Wunsch nach dem Fortbestehen dieser Dinge. In dieser Fortdauer sehen wir Sicherheit für das Ich. Im Grunde haben wir es also im Yoga mit Unwissenheit und mit der daraus entstehenden falschen Identifizierung zu tun.

Yoga ist tatsächlich das Vertiefen des Bewusstwerdens. In der Hindu-Philosophie wird unsere Aufmerksamkeit durch die Lehre von den vier Bewusstseinszuständen darauf gelenkt. ... Die vier Zustände sind: Das Wachen, der Traum, der Tiefschlaf und der transzendentale Zustand. Der Wachzustand ist Wahrnehmen mit Wahl; der Traumzustand ist Wahrnehmen ohne Wahl; der Tief schlaf zustand ist Nicht-Wahrnehmen im Wahrnehmen, und der vierte Zustand ist reine Erkenntnis ...

Im Wachzustand erforscht der Verstand sein eigenes Gebiet des Bekannten. Wenn diese Region ganz erforscht ist, steht der Verstand dem Unbekannten gegenüber, dies ist der Traumzustand. Das Beobachten des Unbekannten führt zur weiteren Vertiefung der Wahrnehmung, und dies ist der Zustand im Tiefschlaf, wo Nichtwahrnehmen im Wahrnehmen besteht. Dies bringt uns in die Tiefe der Stille, und in dieser entdeckt der Mensch sein wahres Wesen. Durch zunehmendes Bewusstwerden bringt uns Yoga zur Vereinigung mit uns selbst; diese stellt die ursprüngliche Ganzheit wieder her ... Dann wissen wir, was wir sind, die falsche Identifikation verschwindet, und das wahre Ich ersteht. So kommt es, dass im Yoga die alte Lehre enthalten ist, welche besagt: Werde, was du bist!

Aus Blavatsky, Geheimlehre:

Ist die Ausübung der Konzentration wohltätig?

So lautet eine andere Frage, die häufig gestellt wird. Ich antworte: Echte Konzentration und Meditation, bewusst und vorsichtig, über das eigene niedere Selbst im Lichte des inneren göttlichen Menschen und der Paramitas, ist eine ausgezeichnete Sache. Aber „für Yoga zu sitzen“, mit einer nur oberflächlichen und oft entstellten Kenntnis der wirklichen Ausübung, ist nahezu ausnahmslos verderblich; denn zehn gegen eins wird der Schüler entweder mediumistische Kräfte in sich entwickeln oder Zeit verlieren und sowohl der Praxis als auch der Theorie überdrüssigwerden. Bevor sich jemand in ein so gefährliches Experiment einlässt und über eine eingehende Prüfung seines niederen Selbst und von dessen Wandel im Leben oder über das, was in unserer Ausdrucksweise „das Hauptbuch des täglichen Lebens des Chela“ genannt wird, hinauszugehen sucht, würde er gut tun, zumindesten den Unterschied zwischen den zwei Aspekten der „Magie“ kennenzulernen, zwischen der Weißen oder Göttlichen und der Schwarzen oder Teuflischen und sich versichern, dass er durch das „Sitzen für Yoga“ ohne Erfahrung, sowie auch ohne Führung, die ihm die Gefahren zeigt, nicht täglich und stündlich die Grenzen des

Göttlichen überschreitet, um in das Satanische zu verfallen. Nichtsdestoweniger ist der Weg sehr leicht, den Unterschied zu lernen; man hat sich nur daran zu erinnern, dass keine gänzlich enthüllten esoterischen Wahrheiten jemals in öffentlichem Druck werden herausgegeben werden, in Buch oder Zeitschrift.

Ich ersuche die Schüler, den Theosophist vom November 1887 nachzuschlagen. Auf Seite 98 werden sie den Anfang eines ausgezeichneten Aufsatzes von Rama Prasad über „Die feineren Kräfte der Natur" finden.[1)] Der Wert dieses Buches liegt nicht so sehr in seinem literarischen Verdienst, obwohl es seinem Verfasser die goldene Medaille des Theosophist eintrug, als in seiner Darlegung von Lehrsätzen, die bisher in einem seltenen und alten Sanskritwerk über Okkultismus verborgen waren. Aber Rama Prasad ist kein Esoteriker, nur ein ausgezeichneter Sanskritgelehrter, ein Universitätsgraduierter und ein Mann von bemerkenswerter Intelligenz. Seine Aufsätze beruhen fast gänzlich auf Tantra-Werken, die, wenn sie von einem Anfänger im Okkultismus unterschiedslos gelesen werden, zur Ausübung höchst erschrecklicher Schwarzer Magie führen werden. Nachdem nun der hauptsächlich wichtigste Unterschied zwischen Schwarzer und Weißer Magie der Zweck ist, zu dem sie ausgeübt wird, und es von nebensächlicher Wichtigkeit ist, welcher Natur die zur Hervorbringung von phänomenalen Resultaten benützten Agentien sind, so ist die Scheidelinie zwischen den beiden sehr, sehr dünn. Die Gefahr wird nur durch die Tatsache verringert, dass jedes sogenannte okkulte Buch nur in einem gewissen Sinne okkult ist: das heißt, der Text ist okkult nur infolge seiner Masken. Die Symbolik muss durchaus verstanden werden, bevor der Leser den richtigen Sinn der Lehre finden kann. Obendrein ist es niemals vollständig, seine verschiedenen Teile stehen jeder unter einem anderen Titel, und ein jeder enthält einen Teil von irgendeinem anderen

---

1) Die folgenden Bezugnahmen auf die „Feineren Kräfte in der Natur" betreffen acht Aufsätze, die in den Blätter des Theosophist erschienen, und nicht die fünfzehn Skizzen und die Übersetzung eines Kapitels aus dem Schivagama, die in dem Buche mit dem Titel Nature's Finer Forces enthalten sind. Der Schivagama ist in seinen Einzelheiten rein tantrisch, und nichts als Schaden kann aus irgendeiner praktischen Befolgung seiner Vorschriften resultieren. Ich möchte jedem Schüler strengstens davon abraten, irgendeine dieser Hatha Yoga-Übungen zu versuchen, denn er wird sich entweder gänzlich ruinieren oder sich seihst so weit zurückwerfen, dass es nahezu unmöglich sein wird, den verlorenen Boden in dieser Inkarnation wiederzugewinnen. Die angezogene Übersetzung ist beträchtlich gesäubert worden, und selbst jetzt ist sie kaum zur Veröffentlichung geeignet. Sie empfiehlt Schwarze Magie der schlechtesten Art und ist der direkte Antipode von geistigem Radschayoga. Hütet euch, sage ich!

Werk; sodass ohne einen Schlüssel zu diesen kein solches Werk die ganze Wahrheit verkündet. Selbst der berühmte Shivagama, auf den die „Feineren Kräfte der Natur“ begründet sind, „ist nirgends in vollständiger Form zu finden“, wie der Verfasser erzählt. So handelt er, gleich allen anderen, nur von fünf Tattwas, anstatt von sieben wie in esoterischen Lehren.

Wie kann das sein, nachdem die Tattwas einfach das Substrat der sieben Naturkräfte sind? Es gibt sieben Formen von Prakriti, wie K-pilas Sankhya, das Vishnu Purana und andere Werke lehren. Prakriti ist Natur, (ursprüngliche und elementale) Materie; daher erfordert die Logik, dass der Tattwas auch sieben sein sollten. Denn ob die Tattwas, wie die Theosophie lehrt, „Naturkräfte“ bedeuten, oder, wie der gelehrte Rama Prasad erklärt, „die Substanz, aus der das Weltall geformt ist“ und „die Kraft, durch die es erhalten wird“, ist alles eins; sie sind Kraft (Puruscha) und Stoff (Prakriti). Und wenn die Formen oder vielmehr Pläne des letzteren ihrer sieben sind, so müssen auch seine Kräfte ihrer sieben sein. Mit anderen Worten, die Grade der Dichtigkeit des Stoffes und die Grade der Kraft, die ihn beseelt, müssen Hand in Hand gehen.

„Das Weltall ist aus dem Tattwa gemacht, es wird durch das Tattwa erhalten, und es verschwindet in das Tattwa“, sagt Shiva, wie aus dem Shivdgama in den Feineren Kräften der Natur zitiert wird. Das erledigt die Frage; wenn Prakriti siebenfältig ist, dann müssen auch die Tattwas ihrer sieben sein, denn sie sind beide, wie gesagt, Substanz und Kraft oder atomistische Materie und der Geist, der sie beseelt.

Das wird hier erklärt, um den Schüler zu befähigen, zwischen den Zeilen der sogenannten esoterischen Artikel über Sanskritphilosophie, durch die sie sich nicht irreführen lassen dürfen, zu lesen. Die Lehre von den sieben Tattwas (den Prinzipien des Weltalls und auch des Menschen) wurden in alter Zeit von den Brahmanen, die jetzt die Lehre nahezu vergessen haben, sehr heilig und daher sehr geheim gehalten. Doch wird sie bis zum heutigen Tage in den Schulen jenseits der Himalajakette gelehrt, während man sich ihrer in Indien jetzt kaum erinnert oder von ihr hört, außer durch seltene Initiierte. Die Politik ist jedoch allmählich geändert worden; man beginnt den Chelas die breiten Umrisse von ihr zu lehren; und bei der Ankunft der Theosophischen Gesellschaft in Indien im Jahre 1879 wurde ich beauftragt, sie in ihrer exoterischen Form einem oder zweien zu lehren. Ich gebe sie jetzt esoterisch.

Da ich weiß, dass einige Schüler ein Yogasystem nach ihrer eigenen Art zu befolgen versuchen, wobei sie nur von den seltenen Winken geleitet sind, die sie in theosophischen Büchern und Zeitschriften finden, so wähle ich eine der besten Darlegungen über alte esoterische Werke, die „Feineren Kräfte der Natur", um zu zeigen, wie sehr leicht man durch ihre Masken irregeführt werden kann.

Der Verfasser scheint selber getäuscht worden zu sein. Die Tantras sind, esoterisch gelesen, ebenso voll von Weisheit, wie die edelsten theosophischen Werke. Ohne einen Führer studiert und zur Praxis verwendet, können sie zur Hervorbringung verschiedener phänomenaler Resultate auf dem moralischen und physiologischen Plane führen.

Aber lasst irgendjemand ihre toten Buchstaben-Regeln und Praktiken annehmen, lasst ihn versuchen, die darin vorgeschriebenen Riten mit Rücksicht auf irgendeinen selbstsüchtigen Beweggrund auszuführen und er ist verloren.

Wenn sie mit reinem Herzen und mit selbstloser Hingabe lediglich zum Zwecke eines Experiments befolgt werden, so werden entweder keine Resultate erfolgen, oder solche, die den Ausführenden nur zurückwerfen können. Aber wehe dem selbstsüchtigen Menschen, der höhere Kräfte nur zu dem Zwecke zu entwickeln sucht, um irdische Vorteile oder Rache zu erlangen, oder seinen Ehrgeiz zu befriedigen; die Trennung der Höheren von den Niederen Prinzipien und die Scheidung des Buddhi-Manas von der Persönlichkeit des Tantrikers wird rasch erfolgen, als die schrecklichen karmischen Resultate für den Pfuscher in der Magie.

Im Osten, in Indien und China, trifft man seelenlose Männer und Frauen ebenso häufig wie im Westen, obwohl das Laster in Wahrheit dort viel weniger entwickelt ist, als hier.

Schwarze Magie und das Vergessen ihrer Urväterweisheit hat sie dahin gebracht. Aber davon will ich später sprechen und füge jetzt nur noch hinzu: Ihr sollt gewarnt sein und die Gefahr kennen.

An einer anderen Stelle schreibt Blavatsky noch: In einem Kapitel der „Anugita" [einem Teile des großen Heldengedichts „Mahabharata", dem auch die Bhagavad Gita angehört], wird nach Ardschuna Mischra, „Pranayama [ein Teil des Hatha Yoga] oder die Regelung des Atems" bei Yogaübungen erklärt. Dieses Verfahren, ohne vorhergehende Erlangung der, oder mindestens volles Verständnis für die zwei höheren Sinne [deren es sieben gibt, wie gezeigt werden wird], gehört jedoch zum niederen Yoga. Der sogenannte Hatha Yoga war und wird noch von den Arhats missbilligt. Er ist der Gesundheit schädlich und kann allein sich niemals zum Raja Yoga entwickeln.

Der Yogaschlaf (Samadhi) und die heilige Silbe OM

Schon oft sind in den Zeitungen und in Reiseberichten Erzählungen erschienen von indischen „Fakiren“, welche im Interesse der Wissenschaft, oder um ungläubige Personen von der Möglichkeit eines vom sterblichen Körper unabhängigen Daseins zu überzeugen, sich wochen-, ja sogar monatelang unter der Erde in einem Sarge eingeschlossen begraben ließen und dann aus diesem scheintoten Zustande wieder zum Leben erwachten, ohne von diesem langen Schlafe, während dessen sie, wie es sich von selbst versteht, keine Nahrung erhielten, irgendwie körperlichen Schaden gelitten zu haben. Diese Fakire behaupten, dass, während ihr Körper im Schlafe ist, sich ihr Geist eines vollkommenen Grades von geistigem Selbstbewusstsein erfreue und sie in der Vereinigung mit Gott einer himmlischen Seligkeit teilhaftig seien.

Der eine Teil dieses Vorganges, nämlich der Schlaf des Körpers, welcher in diesen Fällen einem hypnotischen oder durch Narkose verursachten Schlafe gleicht, indem der Körper dabei für äußere Reize unempfindlich ist, wurde schon oft von Naturforschern und Gelehrten beobachtet und untersucht, und die dabei auftretenden Erscheinungen bestätigt. Der zweite Teil, der Eintritt des Geistes oder vielmehr der Seele in einen höheren Bewusstseinszustand, entzieht sich natürlich der Beobachtung und damit auch der wissenschaftlichen Forschung.

Dennoch ist gerade dieser Teil der wichtigste; aber es kann uns über diesen geistigen Zustand, wenn wir ihn nicht an uns selber erfahren, nur ein Studium der Religionen des Ostens, oder auch die Geschichte der christlichen Heiligen einigen Aufschluss geben. Für den Europäer, der sich nur auf dem Boden der sogenannten materiellen Wissenschaft bewegt, hat daher in der Regel auch nur das äußerliche Phänomen ein Interesse, während der von religiösem Gefühl erfüllte Indier dieses äußerliche Phänomen keiner besondere Beachtung werthält, und es dagegen als die höchste Errungenschaft seines Lebens ansieht, wenn es ihm gelingt, in diesen Zustand der Verzückung zu kommen und in der Vereinigung (Yoga) mit Gott Ruhe und Seligkeit zu finden.

An Beispielen von Berichten über lebendig begrabene Fakire ist durchaus kein Mangel. In dem Buche „Lebendig begraben“ befinden sich mehrere solcher Erzählungen, von denen wir folgende auswählen:

„Ein indischer Radjah hörte von einem Fakir namens Haridas, welcher sich freiwillig für mehrere Monate begraben ließ, und nach dieser Frist wieder auflebte. Er ließ den Fakir zu sich kommen, und dieser sagte ohne Zögern zu, er wolle sich dem Experimente unterziehen, um den Beweis zu liefern, dass des Menschen wahres Leben nicht davon abhängig sei, ob und wie dieses Leben sich im physischen Körper äußere, sondern dass die Persönlichkeit des Menschen eben nur die Behausung wäre, in welcher die geistige Individualität wohne, und dass der wahre Mensch in derselben nach Belieben aus- und eingehen könne. Man teilte dem Fakir mit, dass alle möglichen Vorsichtsmaßregeln getroffen werden würden, um einen Betrug von seiner Seite unmöglich zu machen; aber er erklärte sich auch damit einverstanden und verlangte nur, dass man dafür Sorge trage, dass sein Körper nicht absichtlich gestört werde, sodass seine Seele ihn nach Ablauf der bestimmten Frist unversehrt wiederfinden könne. Dann traf er einzelne Vorbereitungen, welche darin bestanden, dass er seine Ohren, Nasenlöcher etc. mit Wachs verstopfte, um den Eintritt der Luft zu verhindern, verfiel dann in einen todähnlichen Trancezustand, in welchem kein Herzschlag, und nicht der mindeste Funke von Leben an ihm entdeckt werden konnte. Der scheinbare Leichnam wurde nun in Gegenwart des Radjah und seines Hofes in einen Leinensack eingenäht, der mit des Radjahs eigenem Siegelring versiegelt und dann in eine Kiste gelegt wurde, die der Radjah mit einem selbst mitgebrachten Schlosse verschloss und den Schlüssel dann zu sich steckte. Diese Kiste wurde in dem Garten eines der Minister vergraben, auf den Grabhügel säte man Gerste, umschloss das Grab mit einer Einfriedigung und stellte außerdem noch Tag und Nacht militärische Posten auf.

Am vierzigsten Tage nach der Eingrabung wurde die Kiste im Beisein des Radjah, seiner Minister, des Generals Ventura und einiger Engländer, unter welchen sich auch ein Arzt befand, wieder herausgenommen. Der Fakir lag starr und steif wie eine Leiche darin, genau so, wie man ihn damals begraben hatte. Man setzte nun seinen Leib der Wärme aus, entfernte das Wachs, und blies ihm Luft durch den Mund ein, worauf der Körper sich wieder belebte und trotz des überstandenen Experiments sich ebenso wohl befand wie vorher. Einer der anwesenden Minister erklärte, es sei ihm bekannt, dass derselbe Fakir schon einmal vier Monate lang begraben gewesen sei. Er erzählte, dass damals der Fakir vor der Bestattung sich den Bart abscheren ließ, und dass, als nach vier Monaten die Ausgrabung stattfand, sein Kinn ebenso glatt war wie am Tage des Begräbnisses, was ein Beweis sei für das vollständige Aufhören jeder Lebenstätigkeit bei dem Zurückziehen der Seele."

„Das ärztliche Journal von Kalkutta vom Jahre 1835 berichtet ein ähnliches Experiment mit einem Fakir, welches sich von dem eben erzählten nur dadurch unterscheidet, dass es von einigen englischen Reisenden angestellt wurde, welche den Sarg nicht in der Erde eingruben, sondern in der Luft aufhingen, um ihn gegen die Gefahr, von den Ameisen zerfressen zu werden, zu schützen. Es scheint, dass kaum eine Grenze festzustellen ist, wie lange ein solcher Körper bewahrt und wieder belebt werden kann, wofern er nur gut aufbewahrt ist."

Aber nicht nur in der indischen, sondern auch in der europäischen Literatur finden sich zahlreiche Beispiele, sowohl von religiöser „Verzückung" als auch vom sogenannten „Hexenschlaf", welches beide Zustände sind, die mit dem oben erwähnten Samadhi, wenigstens vom äußerlichen Standpunkte betrachtet, viele Ähnlichkeit haben. So ist z. B. in Kiesewetters „Geheimwissenschaften" Bd. I S. 650 folgendes zu lesen:

„Ein Beispiel solcher Katalepsie und Empfindungslosigkeit gibt uns Augustinus, welcher sagt: „Es war ein Priester Restitutus in Colomea, welcher sich nach Belieben, indem er einen Jammerton ausstieß, so von Sinnen brachte und einem Toten gleich dalag, dass er nicht nur Kneifen und Stechen nicht fühlte, sondern auch einige Male ohne schmerzliche Empfindung und ohne nachherige Wunde mit Feuer gebrannt wurde. Man bemerkte auch keinen Atem bei ihm, und er selbst sagte, dass er laute Stimmen nur aus weiter Ferne höre."

„Die Legende weiß von zahlreichen Heiligen und Märtyrern zu berichten, welche während der grausamsten Folter ihre Tyrannen verlachten und unter den furchtbarsten Qualen ihre Seelenfreudigkeit nicht verloren. Können wir nun auch heute nicht mehr sagen, wo die Tatsachen anfingen und endigten, so entbehren doch die hierher gehörigen Berichte sicher nicht aller Begründung."

„Diese Erscheinung wiederholt sich bei allen religiösen Ekstasen. So erzählt Horst von einem 1461 gefolterten Hussiten: „Da begab sich denn dieses Merkwürdige mit ihm, dass er, auf der Leiter ausgespannt, gepeinigt wurde und alle seine äußeren Sinne wie ein Toter verlor, und gar keine Schmerzen empfand, also dass auch die Henker vermeinten, er wäre tot, ihn von der Leiter herabließen und auf die Erde hinwarfen. Nach etlichen Stunden kam er zu sich selbst und verwunderte sich, warum ihm die Seiten, die Hände und die Füße so weh täten. Nachdem er aber die Striemen, Stiche, Brand- und Blutmale an seinem Leibe, und die Instrumente der Henker gesehen, hat er daraus entnommen, was vorgegangen war. Er erzählte dann einen schönen Traum, welchen er während der Marter gehabt hatte. Er sei auf eine schöne anmutige Wiese geführt worden, in deren Mitte ein Baum stand mit vielen herrlichen Früchten. Auf demselben waren mancherlei Arten von Vögeln, die sehr schön sangen usw.“

„Bekannt ist ebenfalls, dass Huß und Hieronymus von Prag in den Flammen des Scheiterhaufens bis zum letzten Atemzug Lieder des Dankes und der Freude sangen, was wohl auch auf Ekstase zurückzuführen ist. – Auch Cardanus vermochte sich gleich dem Priester Restitutus willkürlich in Ekstase zu versetzen und sagt darüber: „So oft ich will, verliere ich die Sinne und gehe in Ekstase über. Ich will erzählen, auf welche Weise ich dies bewerkstellige und was ich dabei empfinde, denn ich werde nicht wie jener Priester affiziert. Jener empfand den heftigsten Schmerz nicht, sein Atem stand still und Stimmen hörte er nur wie von weitem. Bei mir verhält es sich nicht also: ich höre die Stimmen allerdings leiser, verstehe aber nicht, was sie sprechen; ob ich Schmerz empfinde, weiß ich nicht; jedoch fühle ich weder heftiges Kneifen noch den quälenden Schmerz des Podagra. Aber lange vermag ich nicht in diesem Zustande zu verbleiben. Wenn ich in denselben eingehe, so fühle – oder besser gesagt – bewirke ich im Herzen eine gewisse Trennung, als ob die Seele weggehen wollte, und dem ganzen Körper teilt sich ein Gefühl mit, als ob eine Tür geöffnet würde. Der Anfang desselben ist im kleinen Gehirn, und es setzt sich über das Rückenmark fort. Es bedarf dazu großer Gewalt, und ich weiß nur, dass ich alsdann außer mir bin.“

Wenn nun ähnliche Zustände zum Gegenstande öffentlicher Schaustellungen gemacht werden, so ist der Zweck dabei kein anderer, als denkfähige Menschen darauf hinzuweisen, dass es außer der äußerlichen Lebenstätigkeit des Körpers noch ein innerliches Seelenleben gibt, dass wohl das Leben des Körpers von der Gegenwart des Seelenlebens, nicht aber das Leben der Seele von der organischen Tätigkeit des Körpers abhängig ist. Damit ist denn auch die ganze verkehrte, sogenannte „materielle“ Weltanschauung, welche das Lebensprinzip mit dessen Offenbarungen in der Natur zu verwechseln gewohnt ist, in ihrer Grundlage erschüttert und umgeworfen. Ein solcher hoher und edler Zweck ist wohl dazu geeignet, einen Menschen, der die Fähigkeit erworben hat, in diesen Zustand einzugehen, zu bewegen, dies öffentlich zu demonstrieren, selbst auf die Gefahr hin, sich dadurch dem Misstrauen der unwissenden Menge und dem Spotte der Unverständigen auszusetzen.

Audi gibt es, wie in allen Künsten, verschiedene Grade der Fähigkeit, diese Kunst auszuüben. Manchmal kommt die innerliche Erleuchtung zu einem Menschen nur wie ein vorübergehender Blitzstrahl. Mancher findet sich für einen Augenblick von irdischen Banden frei und ins Unendliche erhoben; andere sind fähig, sich für kürzere oder längere Zeit in diesen Zustand zu versetzen und darin zu verbleiben. Solche Personen werden „Yogis“ genannt, und unterscheiden sich durch die Reinheit ihrer Gesinnung und wohl auch durch ihr Äußeres von den indischen Fakiren, welche in der Regel ganz unwissende Leute oder schmutzige Bettler sind, welche, wenn sie nicht bloß mit Taschenspielereien sich abgeben, höchstens einige okkulte Künste gelernt haben, deren Besprechung hier nicht am Platze ist. Dass nicht jeder „Yogi“, welcher in diesen Zustand eingehen kann, auch imstande ist, monatelang darin zu bleiben, ohne dabei zu verhungern, hat seine Ursache darin, dass nicht in jedem diese Fähigkeit in einem so hohen Grade ausgebildet ist.

Für den Physiologen, selbst wenn er sich einen Psychologen nennt, haben natürlich nur die bei diesem Zustande auftretenden körperlichen Erscheinungen ein Interesse; dasjenige, was in der Seele, d. h. im inneren Bewusstsein vor sich geht, kann nur derjenige mit Bestimmtheit wissen, der sich selbst in dieses Bewusstsein zu versetzen gelernt hat, wozu außer einer angeborenen Fähigkeit und geeigneter Lebensweise auch eine langjährige Übung erforderlich ist, durch welche man die Herrschaft über das eigene Denken erlangt. Der Physiologe sucht daher in solchen Fällen nach krankhaften Erscheinungen, z. B. Starrkrampf, Reaktion auf Suggestion u. dgl.; da aber hierbei keine krankhaften Zustände vorhanden sind, so ist dieser Zustand für jeden unerklärlich, der nichts von der Yogaphilosophie versteht, und es bleibt ihm kein anderer Ausweg offen, als der Verdacht der Simulation, welcher aber leicht dadurch widerlegt werden kann, dass der Körper gegen alle äußeren Reize keine andere Empfindung zeigt, als wie sie auch bei sensitiven Pflanzen und an den Muskeln frisch getöteter Tiere beobachtet werden kann. Von einem intelligenten Bewusstwerden der körperlichen Empfindung ist dabei nichts zu bemerken.

Hier taucht nun die Frage auf: „Wo befindet sich die Seele des Yogis, während sein Körper in diesem, einem Scheintode ähnlichen, Zustande liegt?“ Die Antwort hierauf ist: „Sie befindet sich dort, wo wir uns alle befinden werden, wenn wir von allen irdischen Banden frei geworden sind; denn zwischen einem scheintoten Menschen und einem wirklich toten Körper ist nur der eine wesentliche Unterschied, dass sich im Tode die Seele gänzlich vom Leibe trennt, während bei Scheintoten noch eine Verbindung vorhanden bleibt, welche es möglich macht, die Seele wieder zurückzurufen, damit sie von neuem ihre Tätigkeit im Körper beginnen kann. Die vom Körper und vom Selbstwahn frei gewordene Seele befindet sich in ihrem Ursprünge, von dem sie ausging, ehe der Mensch geboren wurde, in Gott; d. h., das individuelle Bewusstsein ist in das Allbewusstsein übergegangen; der Yogi weiß nichts mehr von der Welt und auch nichts mehr von seiner eigenen Persönlichkeit. Er könnte mit Voltaire sagen: „Mon esprit est partout, et mon coeur est ici.“

Das Wort „yog“ stammt aus dem Sanskrit und bedeutet „vereinigen“. Yoga heißt die Vereinigung mit Gott, welche nur durch die Überwindung des Selbstwahnes und durch Selbstaufopferung erlangt werden kann. Die Yogalehre ist somit die Grundlage der Lehren eines jeden wahren Religionssystems und die Vereinigung mit Gott der Endzweck alles religiösen Strebens. Sie ist in allen Religionen dieselbe, wenn sie auch in den verschiedenen Systemen auf verschiedene Art symbolisch dargestellt ist.

Um uns zu befähigen, über den „Yogaschlaf“ ein richtiges Urteil zu fällen, dazu ist es nötig, in der Seelenkunde bewandert zu sein und die Yogaphilosophie zu kennen, wie sie in den Werken von deutschen Mystikern, z. B. in den Schriften von Meister Eckhart, am ausführlichsten aber in den Veden der Inder dargestellt ist, und in Bezug auf welche Aug. Duperon schreibt:

„Hier, gebildeter Leser, ist der Schlüssel zu dem indischen Heiligtum. Er ist vom Roste etwas rau. Tritt ein, wenn du es wagst, wenn du es kannst, mit reinem und lauterem Herzen, im Geiste gleichsam an das höchste Wesen angeschmiegt und an dasselbe übertragen. Lass ruhen die äußeren Sinne und wachen die inneren! Dein Körper sei wie tot und versenket in dem Meere des Wissens und Nichtwissens; erkenne es nach alter indischer Sitte als göttliche Satzung an, dass du außer Gott nichts siehst, und außer Gott nichts ist."

Schopenhauer sagt:

„Die Deutschen sollten rückhaltlos über die reine indische Lehre aufgeklärt werden! Sie sollten wissen, dass Brahma, Vishnu, usw. keine mythologischen Figuren sind, sondern Namen für Zustände, Kräfte und Eigenschaften. Die reine Lehre von Brahm ist der Ursprung aller Religionen, wer sie kennt und anerkennt, der hat Zutritt zu den Religionen aller Völker und Sekten. Diese Lehre ist kein Pantheismus: Alles ist geschaffen, das Geschaffene ist nicht Brahm, es ist nur die Größe des Brahm. Alles ist Brahm und Brahm ist in allem. Diese Lehre weist den Materialismus und den Skeptizismus ab; sie führt bis zu einer Stufe, auf welcher kein Verlangen nach einer höheren eintritt. Diese Lehre stellt die vollkommene göttliche Weltregierung dar; sie ist die alleinige unfehlbare Richtschnur für das sittliche Handeln, sie macht glückselig schon vor dem Tode."

Wie man sieht, handelt es sich da gar nicht darum, irgendeinem Religionssysteme gegenüberzutreten oder es zu bekämpfen, sondern vielmehr das, was es Wahres in jedem Religionssysteme gibt, zu finden und zu bekräftigen, und zu beweisen, dass auch die Lehren des Christentums, wo sie von geistigen Dingen handeln, nicht nur leere Worte sind, sondern sich auf Dinge beziehen, welche für unsere Seele ebenso tatsächlich vorhanden sind, als die äußerlichen materiellen Dinge für unseren materiellen Körper. Es handelt sich nicht darum, diese oder jene Meinung zu vertreten, für diese oder jene Richtung Propaganda zu machen, sondern um den Weg zu bezeichnen, welchen die Weisesten aller Nationen als den Weg der Erkenntnis der Wahrheit erkannt haben. Wir wollen niemanden überzeugen, sondern jedermann Gelegenheit geben, sich durch einen Einblick in die Weisheitslehren des Altertums selbst die Überzeugung zu verschaffen, nach der er verlangt.

Om!

„Om Bur Bhuvah Svah! Tat Savitur vareuyam Bhargo devasya dhimahi Dhiyo vo nah prachodayat."
(Rig Veda, III)
Om! (Alles!) Erde, Mittelregion, Himmel (unendlidier Raum, Ewigkeit, Gott)! Laßt uns unsere Seele erheben und unser Bewusstsein sich versenken in dem anbetungswürdigen Lichte jener göttlichen Lebenssonne (der Weisheit), durch welche unser Geist erleuchtet werden soll!

Die heilige Silbe OM oder AUM, im Geiste der Wahrheit innerlich ausgesprochen, ist zugleich eine Anrufung des Hödisten, eine Segnung für alle Geschöpfe, eine Bejahung der ewigen Wahrheit und ein Gelübde der Reinheit; es bedeutet die Entsagung von allem Irdischen, die Anerkennung des Ewigen, die Unsterblichkeit selbst.

Die Mandukya Upanischad sagt:

»Das ewige Om ist das All. Seine Ausbreitung ist alles, was war, ist oder sein wird, und auch was über diesen drei Zeiten[1)] ist. Alles dies ist das Ewige, das Selbst, und dieses Selbst ist der Ewige, und der Ewige[2)] hat vier Stufen: „Auf der ersten Stufe steht er im wachenden Leben[3)]; äußerlich wahrnehmend, siebenfach; mit neunzehn Schlünden genießt er grobsinnliche Dinge; er ist offenbar als das irdische Feuer (Kraft).

„Auf der zweiten Stufe steht er im Traumleben[4)]; innerlich wahrnehmend, siebenfach; mit neunzehn Schlünden genießt er die feineren („übersinnlichen") Dinge; er ist offenbar als das Leuchtende (Licht).

„Auf der dritten Stufe findet er Ruhe[5)], er begehrt nach keinen Begierden und träumt keine Träume. Dies ist das traumlose Leben. Er rindet die Einheit, seine Erkenntnis ist einheitlich; er ist gnadenvoll und erfreut sich des Segens; sein Mund ist die Erkenntnis; er ist offenbar als

1) über Vergangenheit, Gegenwart und Zukunft, d. h. ewig ist.

2) Das Selbstbewusstsein.

3) Im Sinnlichen.

4) Gemütsleben.

5) Geistesleben.

die Erleuchtung (Intuition). Dies ist der Allherrscher, der Allerkennende, dies ist der innere Führer, die Mutter von allem, der die Leben offenbart und sie wieder der Offenbarung entzieht.

„Auf der vierten Stufe[1] ist es, wo der Ewige (Gott) weder innerlich noch äußerlich, noch auf beide Arten, noch auch einheitlich eine Wahrnehmung hat, weder wahrnimmt, noch nicht wahrnimmt. Ungesehen, unfühlbar, unerfasslich, ohne Merkmal, unvorstellbar, unbeschreiblich, dessen Selbst sein eigener Beweis (für sein Dasein) ist, in welchem die einfache Welt nicht mehr vorhanden ist, ruhevoll, segensvoll, alleinig. Dies ist die vierte Stufe (des Bewusstseins). Dies soll als das (wahre) Selbst erkannt werden.[2]

„Dieses Selbst ist wie das unwandelbare OM und wie dessen Stufen. Die Stufen des Selbsts sind wie die Maße; die Maße sind die Stufen. Diese Maße sind A-U-M.

A. „Das irdische Feuer, das im wachenden Bewusstsein steht, das erste Maß, weil es zuerst sich erhebt, und erreicht.[3]

U. „Das Leuchtende, welches im Traumbewusstsein steht, ist wie das U, das zweite Maß, weil es beide vereint (AU = O).[4]

M. „Das Erkennende, welches im traumlosen Leben steht, ist M, das dritte Maß, weil es das Messende und von derselben Wesenheit ist. Wer es erkennt, ermisst alles und wird des Gemessenen Wesenheit (OM).[5]

AUM. „Unmessbar das Vierte (AUM), das Unfühlbare, wo die fünffache Welt zur Ruhe kommt, das Helle, das Unvergleichliche. Somit ist OM wie das Selbst.[6]

Durch das Selbst erlangt das Selbst, wer es als solches erkennt."

Was im Mikrokosmos als „Geist", „Gemüt", „Seele" (Manas) bezeichnet wird, wird im Makrokosmos „das Scheinende", oder, je nach

---

1) Nirwana.

2) Es ist für ihn nichts mehr da als er selbst, der alles in allem ist.

3) Die Kraft.

4) Die Erkenntnis.

5) Die Liebe.

6) Die Weisheit.

dem Standpunkte, von dem man es betrachtet, „Äther", „Raum", „Weltseele", „Allbewusstsein" (Mahat) genannt. Dies ist das Ewige, Alleinige, das Wesentliche im Weltall sowohl als in jedem Geschöpf.

Ferner heißt es in der *Chandogya-Upanischad*:

„Dieses Ewige hat vier Stufen (der Offenbarung) im Mikrokosmos, nämlich:

a. Das schaffende Wort.
b. Die Lebenskraft.
c. Das Sehen, und
d. Das Hören.

„Im Makrokosmos tritt es auf als:

a. Irdisches Feuer (Leben).
b. Luft (Gedanke).
c. Sonne (Erkenntnis).
d. Ewiger Raum (Unendlichkeit).

„Das schaffende Wort ist eine von den vier Stufen des Ewigen. Es durchscheint und durchglüht das irdische Feuer (das Leben) als dessen Licht. Wer es auf diese Weise erkennt, der leuchtet und glüht in Verklärung, Herrlichkeit und ewigem Licht."

„Die Lebenskraft ist eine von den vier Stufen des Ewigen. Sie durchscheint und durchglüht die Luft (den Gedanken) als deren Licht. Wer es auf diese Weise erkennt, der leuchtet und glüht in Verklärung, Herrlichkeit und ewigem Licht."

„Das Sehen ist eine von den vier Stufen des Ewigen. Es durchscheint und durchglüht die Sonne (die Erkenntnis) als deren Licht. Wer es auf diese Weise erkennt, der leuchtet und glüht in Verklärung, Herrlichkeit und ewigem Licht."

„Das Hören ist eine von den vier Stufen des Ewigen. Es durchscheint den ewigen Raum (die Seele) als dessen Licht. Wer es auf diese Weise erkennt, der leuchtet und glüht in Verklärung, Herrlichkeit und ewigem Licht."

Wenn es überhaupt schwierig ist, in einer Übersetzung den Sinn des Originals wiederzugeben, besonders wenn es sich dabei um geistige Dinge handelt, für welche es weder intellektuelle Begriffe, noch genau bezeichnende Worte gibt, so tritt diese Schwierigkeit in den obigen Upanischaden in solcher Größe hervor, dass sie wie eine Unmöglichkeit erscheint. Im Sanskrit-Text ist jedes Wort von einem „Aroma", einer Bedeutung, einer dahinter liegenden Wahrheit durchdrungen, die sich im Deutschen nicht nachahmen und nicht wiedergeben lässt. Wer die Zustände, um die es sich hier handelt, nicht kennt, und wem die eigene geistige Intuition nicht zu Hilfe kommt, der wird auch den Sinn der besten Upanischaden (und auch das Original selbst) nicht verstehen. Deshalb sind diese Dinge nicht für die Philologen, sondern für den Esoteriker geschrieben, dem nicht bloß das Licht der Grammatik, sondern das Licht der geistigen Erkenntnis zu Hilfe kommt. Mit anderen Worten: um das innere Wort und Licht zu empfinden und zu erkennen, muss es in uns selbst in seiner Kraft offenbar werden und unser Bewusstsein erfüllen. Damit aber dies geschehen kann, muss die Seele sich durch die Kraft dieses Geistes zum Lichte erheben und in der Kraft dieses Geistes das Machtwort sprechen, das seinen Ausdruck findet im heiligen OM.

Unter den vier „Maßen" oder Bedeutungen des Om sind zu verstehen die vier Bewusstseinszustände: nämlich das sinnliche Leben, das Leben im Denken, das geistige Selbstbewusstsein und das allumfassende göttliche Leben ohne Selbstheit, das niemand beschreiben kann. Die Upanischad sagt:

„Wer das Om im ersten Maße erfasst, der wird schnell in der Welt wiedergeboren. Er tritt ins menschliche Dasein ein und wird groß."

„Das Om im ersten Maße erfassen" ist gänzlich im sinnlichen Dasein zu leben; es ist der erste Bewusstseinszustand, der erste Schritt des ewigen Ichs auf dem Wege zur Selbsterkenntnis. Es ist ein ganzes irdisches Menschenleben, ein einziger Tag im Leben des Ewigen.

In Bezug auf das „zweite Maß", das Traumleben nach dem Tode des Körpers, aber heißt es:

„Wie die Strahlen der untergehenden Sonne alle in deren leuchtendem Kreise sich sammeln, und beim Aufgehen derselben wieder ausgestrahlt werden, so wird alles dies (Bewusstsein) in dem höheren, leuchtenden Einen, dem Geiste, gesammelt, sodass der Mensch weder hört, sieht, riecht, schmeckt, noch spricht, noch nimmt oder besitzt, weder hervorbringt noch bewegt. Man sagt: Er schläft."

„Somit erfreut sich dieses Leuchtende, der Geist, seiner Größe im Traum. Dinge, welche vorher gesehen wurden, sieht er wieder; was gehört wurde, hört er wieder; was wahrgenommen wurde, nimmt er wieder wahr.

Sichtbare und unsichtbare Dinge. Hörbare und unhörbare Dinge. Wirkliche und wesenlose Dinge. Er sieht es Alles; als Alles sieht er es."

In diesem Traumleben tritt die Seele in einer Hülle auf, welche der Geist nach dem Vorbilde des physischen Körpers gebildet hat; eine Traumgestalt, mit tätigen, wahrnehmenden, lebendigen und innerlichen Kräften, durch die Vorstellung, nach dem Muster des äußerlichen Körpers hervorgebracht. Man sagt: „Er schläft"; und dies ist nicht nur der Schlaf einer einzigen Nacht, sondern der lange Schlaf des Todes, der zwischen den Erdenleben liegt. In der mystischen Silbe Om bedeutet der zweite Buchstabe, das zweite Maß, diesen Schlaf.

„Und wer sich in das zweite Maß vertieft, der erlangt das Paradies, die Welt zwischen Erde und Himmel. Dies ist die Welt des Mondes (d. h. die Welt der Träume und Fantasie, der Vorstellungen und des Wissens), und nachdem er die Helle der Welt des Mondes erfahren hat, wird er wiedergeboren."

Die Seele genießt ihr Dasein im „Paradies", welches die widergespiegelte Welt des Himmels, aber immer noch einen Schritt entfernt von dem wahren Lichte, der (geistigen) Sonne der Weisheit (der Herrlichkeit Gottes) ist. Das Selbst in einem Traumgewande erwacht, und ein neuer Mensch wird geboren. Das ist das „Traumbewusstsein", der zweite Schritt.

„Wenn aber der Geist in das leuchtende Eine gehüllt (in das göttliche Selbst eingegangen) ist, so träumt er nicht mehr; denn in ihm geht die Seligkeit auf. Und wie die Vögel am Abend in den Bäumen sich zur Ruhe niederlassen, so kommt alles dieses zur Ruhe im höheren Selbst; denn dieses Selbst ist zu gleicher Zeit das Sehende, Empfindende, Hörende, Riechende, Schmeckende, Wissende und Vollbringende."

Dies ist das „traumlose" oder vielmehr das über alles Träumen und Vorstellen erhabene Geistesleben; der dritte Schritt des Selbsts. In diesem Zustande hat dieses Selbst keinen physischen Körper mit seinen Sinnesorganen und keinen „Traumkörper" (Astralkörper) mit seinen Organen mehr nötig; es sind in ihm alle Wahrnehmungsfähigkeiten in einer einzigen Kraft vereinigt (in der Kraft der Erkenntnis), und seine wirkenden Kräfte in einem einzigen Willen. Dies ist auch der Zustand göttlicher Seligkeit.

„Denn wenn ein Mensch eine Nacht wählen sollte, in welcher er gar nichts träumte, und sie mit allen anderen Nächten und Tagen seines Lebens vergleichen, und dann sagen sollte, wie viele von jenen Tagen und

Nächten seliger waren als jene Nacht, so würde er sie leicht zählen können. Dies ist aber nicht nur wahr in Bezug auf einen gewöhnlichen Menschen, sondern trifft sogar auf den König selbst zu. Und wenn der Tod diesem gleicht, so ist er ein wunderbarer Gewinn."

Im Leben „jenseits des Träumens" genießt das Selbst die Fülle seiner eigenen Seligkeit. Es ist reiner Wille und reine Erkenntnis. „In jenem traumlosen Leben", sagt Shankaracharya, „ist das Kleid des Selbsts aus dem unbeschreiblichen Zauber gewoben, welcher vor dem Selbst dessen absolute Einheit mit dem Ewigen verbirgt." Diese Hülle des Selbsts, dieser dünne Zauberschleier, mit welchem das Selbst umgeben ist, bleibt durch die ganze Reihe von Geburten und Wiedergeburten dieselbe; sie bringt immer wieder die zwei mehr „stofflichen" Körper hervor, vermittelst welcher das Selbst im materiellen Dasein und im Lande der Träume seine Erfahrungen macht. Es ist der „Grund von allem", der Offenbarer und „Zurückzieher" aller Lebenserscheinungen. Dieser dritte Bewusstseinszustand ist durch das dritte Maß von Om symbolisiert.

„Wer aber die drei Maße (zugleich) erfasst, und durch dieses unwandelbare Om in den höchsten Geist eingeht, wird das Licht, die Sonne selbst; er verlässt alle Sünde, so wie die Schlange ihre Haut abstreift."

Und während die Welt des „Mondes" das immer wechselnde Paradies der Empfindungen und Wahrnehmungen ist, ein Abglanz der Sonne, so ist die „Sonne" selbst das ruhige Selbstleuchten des wahrnehmenden Selbsts, und dieses wahrnehmende Selbst ruht in dem höheren unveränderlichen Selbst, welches der vierte Schritt des Ewigen ist. Hoch über den Wogen des Ozeans, wo Geburt und Tod herrschen, erhaben über die „drei Zeiten", über alles, was war, ist oder sein wird, ist das göttliche Leben des Selbsts in ewiger Ruhe und Vollkommenheit. In ihm sind Wille und Weisheit Eins.

Da ist keine Trennung zwischen dem Erkenner und dem Erkannten, und deshalb kein Erkennen; aber dafür der göttliche und vollkommene Geist aller Erkenntnis. Da ist kein Unterschied zwischen dem Wollen und dem Gewollten, dem Vollbringer und dem Werk. Deshalb ist da kein Wille und kein Tun; aber dafür der göttliche und vollkommene Geist alles Willens und Tuns; denn das Selbst ist Eins mit dem Ewigen geworden, es hat seine ursprüngliche Einheit mit dem Ewigen wieder erneut; es gibt in ihm keine Grenze oder Teilbarkeit oder irgend etwas, das weniger ist als das Ewige selbst.

Vierfach erscheint somit das Ewige, und vierfach das Selbst, welches das Ewige ist.

Das Ewige tritt auf in vier Weisen, nämlich:

1. Die Außenwelt.
2. Die innere Welt (Astralwelt).
3. Die göttliche Welt.
4. Die Gottheit in ihrem göttlichen unbegreiflichen Selbst.

Das Selbst erscheint in vier Arten, nämlich:

1. Der wachende Zustand des äußeren Lebens; sei es ein Lebenstag oder ein Erdenleben.
2. Das Traumleben; sei es eine einzige Nacht oder eine Periode des Lebens im Paradies, welche zwei Dasein verbindet.
3. Das über alles Träumen erhabene (selbstbewusste) Leben, welches höher ist als das Leben des Wachens und das Leben im Paradies.
4. Das unerfassliche göttliche Leben als das Ewige in sich selbst.

So erscheint das Ewige in vierfacher Form und das scheinbar vierfache Selbst, welches das Ewige ist, und diese vier Arten seiner Offenbarung sind dargestellt durch das mystische Om.

Aber wir werden den tieferen Sinn dieser Lehren von den vier Stufen des Daseins und den vier Schritten des Selbsts erst dann ergründen, wenn wir begreifen, dass diese vier Stufen und Schritte die vier großen Stationen der Seele auf ihrem Wege zur höchsten Vollkommenheit darstellen.

Der erste Schritt ist das äußerliche Leben des natürlichen, unschuldigen, tierähnlichen Menschen. Hier ist das göttliche Selbst unter der gröbsten Hülle verborgen, macht seine Erfahrungen und erlangt Wissen vermittelst der äußeren Natur, mit welcher es infolge seiner physischen Beschaffenheit in Berührung kommt.

Dieser unschuldige Tiermensch lebt, ohne über seine Bestimmung nachzudenken, stirbt ohne Furcht, und wird, ohne in das Traumleben des Paradieses einzugehen, wiedergeboren. Sein tierisches Leben ist unschuldig und bewundernswert, solange es nicht Eigenschaften annimmt, welche ihm den Weg zu einem höheren oder mehr gottähnlichen Dasein verlegen.

Dann kommt der zweite Schritt. Der große Traum fängt an, wenn im Menschen die Dämmerung des eigenen Denkens beginnt, und er von Himmel und Erde, von Sternen und Meeren Unterricht erhält. Da fängt das Leben der Fantasie und des Schwärmens, das Leben der Gemütsbewegungen und Leidenschaften an. Nun kommen Hoffnung und Furcht, Liebe und Hass, Wünsche und Enttäuschungen, und wie die Träume dieser Welt alle heißen, mit denen das irdische Dasein durchwoben ist.

Nach dem Traume kommt das Erwachen. An die Stelle der Hoffnung und Furcht tritt der Besitz, an die Stelle von Liebe und Hass die Vereinigung, in welcher es keine Trennung gibt. Statt der Vergnügungen der Welt und des Paradieses, die Seligkeit der Gegenwart des- göttlichen Daseins. Dies ist die wahre „Traumlosigkeit", welche besser als alle anderen Zustände ist.

Das Geheimnis des Ewigen ist, dass es ein Erwachen vom Traumleben gibt. So schön auch der Traum sein mag (auf Erden oder im Himmel), das Erwachen ist noch schöner; nur die Seher kennen es und sie können es nicht in Worten beschreiben.

Im Reiche des Traumes leuchten unsere Lampen, bis das Öl zu Ende geht; die abgepflückten Blumen verwelken; aber die Sonne leuchtet in ihrem ewigen Licht. Das „Traumleben" überschattet das physische Leben; wir träumen, indem wir zu wachen glauben; aber das wahre Erwachen tritt erst dann ein, wenn der Tag der Erkenntnis der Wahrheit kommt.

Das sind die drei Schritte, welche die Seele auf dem Pfade des ewigen Lebens macht; die drei Maße, mit denen sie gemessen werden kann. Unermesslich ist das vierte, ohne Maß, unanfassbar, in welchem das All aufgeht und verschwindet. Durch das Selbst erlangt das Selbst, wer es so erkennt. **Om Mani Padme Hum**!

Hatha Yoga - die Physiologie des Astralkörpers

Von Narrainaswamy Iyer

Aus dem Englischen übersetzt von Dr. Franz Hartmann

Motto:
„Hier, gebildeter Leser, ist der Schlüssel zu dem indischen Heiligtum. Er ist vom Rost etwas rau. Tritt ein, wenn Du es wagst, wenn Du es kannst, mit reinem und lauterem Herzen, im Geiste gleichsam an das höchste Wesen angeschmiegt und in dasselbe übertragen. Lass ruhen die äußeren Sinne und wachen die inneren! Dein Körper sei wie tot und versenkt im Meere des Wissens und des Nichtwissens. Erkenne es nach alter indischer Sitte als göttliche Satzung an, dass Du außer Gott nichts siehst und außer Gott nichts ist." (Ang. Duperron).

Um den Gegenstand, um den es sich hier handelt, zu begreifen, müssen wir uns erst darüber klar werden, dass das äußerliche Leben und Denken des Menschen, wenn er auch noch so sehr in äußeren Dingen gelehrt und gebildet ist, doch nichts anderes, als ein Traumleben ist, und dass alles, was dieser äußere Mensch tut, all sein Wissen und Wollen, Lieben und Hassen, Denken und Forschen nichts anderes als Träume sind. Es ist nur Eines im Menschen, das wahrhaft, wesentlich und selbstbewusst ist, nämlich der Gottmensch in ihm. Erst wenn Gott im Menschen zum Bewusstsein gekommen ist, kann von einem wahren Selbstbewusstsein im Menschen die Rede sein.

Die geistigen Kräfte, von denen hier die Rede ist, gehören deshalb nicht dem irdischen Menschen, sondern dem Geistmenschen an, und der irdische Mensch kann sie auf keine andere Weise kennenlernen, als indem er in den Besitz derselben gelangt und er kann auf keine andere Weise in den Besitz derselben gelangen, als indem er die Vereinigung mit dem in ihm wirkenden göttlichen Selbstbewusstsein erlangt. Diese Vereinigung wird Yoga (von *yog* – vereinigen) genannt. Wer aber mit seinem Gott vereinigt ist, der kann mit dem Apostel sagen: „Ich lebe, doch nicht ich, sondern Christus der Herr lebt in mir."

Um einem von verschiedenen Seiten ausgesprochenen Wunsche zu genügen, teilen wir folgende kurzgefasste Übersicht der Physiologie des Astralkörpers unseren Lesern mit, wobei wir allerdings von dem Bewusstsein durchdrungen sind, dass dieselbe denjenigen Lesern, welche eine gewisse Stufe der geistigen Entwicklung noch nicht erreicht haben, wenig verständlich sein wird. Dennoch ist eine Kenntnis der im menschlichen Körper verborgenen geheimen Naturkräfte für denjenigen, der diese Kräfte in sich selbst zum Bewusstsein bringen will, von großer

Wichtigkeit. Aus diesem Grunde sind die folgenden Zeilen für den praktischen Okkultisten geschrieben; für alle anderen haben sie keinen Wert.

Der Gegenstand dieser Abhandlung ist äußerst mystischer Natur. Die darauf Bezug nehmende Literatur findet sich teils in den Upanischaden, teils in den Werken der Siddhas; ob aber die darin aufgestellten Behauptungen richtig sind, kann nur derjenige entscheiden, der die Kräfte, von denen sie handeln, besitzt, oder, um uns richtiger auszudrücken, in dem diese in allen Menschen latent enthaltenen Kräfte bewusst und tätig geworden sind, und der dadurch zum innerlichen Leben erwacht ist.

Diese Kräfte sind noch lange nicht rein geistiger Natur; sie gehören nur einer höheren Daseinsebene an. Im Menschen sind sieben Zustände, Bewusstseinsformen oder Daseinszustände zu unterscheiden. Die niedrigste Stufe ist der physische, sichtbare, grobmaterielle Körper, der Sitz des materiellen Bewusstseins und äußerlichen Lebens, des einzigen, welches der gewöhnliche „materielle" Mensch kennt. Nach diesem kommt der „Astralkörper" (Linga Scharira), das „ätherische Ebenbild", der Sitz des innerlichen Lebens und Bewusstseins, das eigentliche Verbindungsglied zwischen dem Lebensprinzip (Prana) und dem physischen Körper.

Derselbe ist, da er unter gewissen Umständen von sensitiven Personen vom Körper getrennt wahrgenommen wird, auch als „Doppelgänger" bekannt. Im gewöhnlichen (normalen) Menschen unserer Kulturperiode ist das Bewusstsein dieses Astralkörpers nicht tätig und der „innere Mensch" nicht seiner selbst bewusst; aber mit dem Erwachen des Astrallebens im Körper tritt auch eine neue und höhere Art von Bewusstsein, Gefühl und Wahrnehmung ein, welche nur der „Wiedergeborene" kennt, und eine ausführliche Beschreibung der im Astralkörper vorhandenen Organe und Kräfte findet sich nirgends als in der oben erwähnten indischen Literatur.

Nehmen wir, um die Sache zu vereinfachen und verständlicher zu machen, statt der siebenfältigen Einteilung die dreiteilige an, so haben wir (abgesehen von Parabrahm, das nicht persönlich ist) drei voneinander verschiedene Wesenheiten oder persönliche Bewusstseinsstufen im Menschen, nämlich:

1. Sthula, den grobmateriellen Körper,
2. Sukshma, den Astralkörper,
3. Karana, den diesen Erscheinungen zugrunde liegenden Körper.

Mit anderen Worten: 1. Den äußerlich offenbaren Körper, das Werkzeug der äußerlichen Tätigkeit; 2. den durch das Verlangen (nach Dasein und Genuss) gebildeten ätherischen Körper, den Sitz der Begierden; 3. den „Gedankenkörper“, den Sitz der geistigen und intellektuellen Tätigkeit.

Selbstverständlich sind diese „Körper“ in diesem Leben nicht voneinander getrennt, sondern eins, und das Eintreten des Bewusstseins auf einer höheren Stufe hängt von dem gänzlichen oder auch teilweisen Aufhören des Bewusstseins auf einer niedrigeren Stufe ab.

Der erste (physische) Körper umfasst die drei niederen Grundteile, nämlich Sthula, Prana und Linga. Der zweite (der „ätherische“ oder „magnetische“ Körper) umfasst das vierte Prinzip (Kama) und den niedrigen Teil des fünften (Manas). Der dritte (Karana) ist der höhere Manas, mit anderen Worten, der edlere Teil des Gemütes und der Intelligenz.

Da alle die niedrigeren Daseinsstufen die Ursache des Daseins in dem höheren Prinzipien haben, welches seinerseits im höchsten und unpersönlichen wurzelt, so ist es nötig, vorerst die Zusammensetzung von Manas zu untersuchen:

Prakriti (Substanz) hat drei Gunas (Eigenschaften), nämlich:

1. Satwa, das Wahre und Wesentliche, das „Licht“.
2. Rajas, das Feurige oder die Begierde.
3. Tamas, die Torheit, Nichterkenntnis oder das „Dunkel“.

Diese drei Gunas oder Naturgewalten werden ausführlich in Kapitel 14 der Bhagavad Gita besprochen und erklärt. Während seiner Einverleibung wird der ewige Geist an die Körper gebunden.

Der höchste Geist (Fohat), indem er auf diese Gunas einwirkt, übt eine dreifache Funktion aus. Seine Tätigkeit in Satwa ruft Ishwara (den Geist der Wahrheit in der Natur) ins Leben; die Natur selbst oder die „Materie“ ist Maja (das, was täuscht, d. h. die Erscheinung); Rajas aber wird Avidya (Nichterkenntnis) genannt.

Der Karanakörper ist Rajas, und durch die Einwirkung des Geistes (Fohat) verursacht er die im menschlichen Körper vorhandene organische Tätigkeit. Das Karana Sharira ist der die niederen Prinzipien überlebende und sich wieder inkarnierende Teil der menschlichen Natur. Von der Begierde zum Dasein (Rajas) gedrängt, strebt es, sich immer wieder als Erscheinung in der Erscheinungswelt zu offenbaren, d. h. zu verkörpern, und wenn es den Leidenschaften der Welt ausgesetzt ist, anfangs dieselben zu erfassen und zu genießen. Indem es in die Versuchung (zum irdischen Dasein) fällt, erzeugt es zuerst den ätherischen (Astralkörper) und dann den physischen Körper. Aber in Rajas selbst existiert wieder eine Unterabteilung von den genannten drei Elementen, Satwa, Raja und Tamas, und durch den in ihm enthaltenen Keim von Satwa ist dieses Prinzip imstande, sich wieder zum reinen Satwa (Wahrheit) zu erheben, nachdem es die tieferen Daseinsstufen überwunden und Sukschma und Sthula abgestreift hat. Zu diesem Zwecke muss das Karana sowohl Rajas als auch Tamas (d. h. sich selbst) überwinden, wozu ihm die in verschiedenen Inkarnationen gesammelten Erfahrungen als Stütze dienen. Dann wird es Satwa (das Wahre) selbst.

Im Allgemeinen gesprochen, und ohne darauf näher einzugehen, ist somit das Karana dazu bestimmt, ein Ausdruck von Satwa zu sein; Sukschma ist der Ausdruck von Rajas, und Sthula von Tamas, welches den Ursprung der Materie auf der niedrigsten Daseinsstufe (Nichterkenntnis, Unbewusstsein) darstellt. Dieses Tamas Guna ist zweifach zu betrachten, nämlich als Avarana Sakti (zentripetal) und Vikschepa Sakti (zentrifugal), und indem sich die letztgenannte Kraft entfaltet, wird daraus Ahamkara (das persönliche oder illusorische Selbstbewußtsein, die Täuschung des Sonderseins).

Aus diesem Ahamkara entspringen die fünf Elemente oder Tatwas[1)], nämlich: Akasha, Vayu, Tejas, Apas und Prithvi, wovon infolge ihres gemeinsamen Ursprungs auch jedes sein Satwa, Rajas und Tamas enthält, und drei Vierteile des Satwa von jedem dieser Elemente fallen dem Antahkarana zu. Dieses Antahkarana ist die „Brücke", welche den höheren, himmlischen und unsterblichen mit dem niederen und sterblichen Teile von Manas verbindet. Es ist in der Ramayana allegorisch

---

1) Die Tatwas sind die hypothetischen Elemente (Ätherschwingungen), aus welchen die Anregungen zum Hören, Fühlen, Sehen, Schmecken und Riechen entspringen, und zwar wie folgt:

1. *Akasha, das Element des Äthers; das Prinzip des Tones (Äther).*
2. *Vayu, das Element des luftförmigen Zustandes; das Prinzip des Gefühls („Luft").*
3. *Tejas, das Element der Licht- und Feuererscheinungen; das Prinzip des Sehens („Feuer").*
4. *Apas, das Element des flüssigen Zustandes; das Prinzip des Geschmackes („Wasser").*
5. *Prithivi, das Element des materiellen Zustandes; das Prinzip des Geruchs („Erde").*

Diese fünf Tatwas sind in jedem Körper, sei er nun ätherisch, luftförmig, leuchtend, flüssig oder fest, enthalten.

dargestellt als die Brücke, welche Hanuman, der Affenkönig, baute, um nach Ceylon zu gelangen.[2)]

Dieses Antahkarana in seinen fünffachen Beziehungen zum Satwa der fünf Elemente hat fünf Eigenschaften, nämlich:

Ulla, die unterste Form von Kama Manas. Blinder tierischer Instinkt.
Manas, das irdische Gemüt.
Buddhi, der Verstand.
Chilla, Bewusstsein.
Ahamkara, Selbsterkenntnis.[3)]

Von diesen fünf war Ulla tätig, als der Mensch noch im Anfange seiner Evolution war. Es gehört dem Tierreiche an. Die übrigen vier haben ihre Sitze in dem Körper des Menschen, und von diesen „Zentralstationen" geht ihre Tätigkeit aus. Die verschiedenen Sitze dieser Kräfte ken-

---

2) Unter den deutschen Mystikern drückt sich Jakob Böhme am deutlichsten über dieses Antahkarana, dem Faden (Sutratama), welcher das Wahre im Menschen mit der Wahrheit, das Unsterbliche im irdischen Menschen mit dem höheren Wesen des göttlichen Menschen verbindet, aus:

„Der himmlische Leib der Seelen ist vom reinen Element (Satwa), daraus die vier Elemente geboren sind, und gibt „Fleisch", und die Tinktur (Fohat) gibt „Blut"; der himmlische Mensch ist im Fleische und Blute, und das Paradies ist Kraft der Wesenheit; es ist himmlische Erde, unserer äußeren Vernunft nicht fasslich.

„Nicht alle haben Christi Fleisch (Buddhi Manas) an sich in dieser Welt, im alten Adam (Kama Manas) verborgen, auch wohl in sehr vielen nicht einer, nur die Neugeborenen, welche sind aus üirem Willen ausgegangen in Gottes Willen, in welche das edle Senfkörnerlein (die Weisheit) ist gesäet worden, da ein Baum ist aufgewachsen.

„Die meisten Seelen fahren vom Leibe ohne Christi Leib (Atma-Buddhi), sie hangen aber am Faden (Antahkarana) und sind in ihrem Glauben endlich in Willen getreten; deren Seelen sind wohl im Geiste in der Bildnis, aber nicht im Fleische." (Vierzig Fragen, XXI, 6, 7, 8.)

„So dann nun der Tod kommt und schneidet den Leib und Seele voneinander, so hängt die arme Seele am Faden und will nicht nachlassen, und ihre Essentien stecken noch tief in Gottes Zorn (Kama); der Faden des Glaubens (Satwa) in der Neugeburt ist gar schwach. Da spricht der Bräutigam: Komm! So spricht die arme Seele: Ich kann nicht; meine Lampe (mein Selbstbewusstsein) ist noch ungeschmückt; jedoch hält sie den Heiland (Atma-Buddhi-Manas) am Faden (Antahkarana) und stellet ihre Imagination durch den Faden des Glaubens und Zuversicht ins Herz Gottes zu ihrer schliesslichen Erlösung." (Von den drei Prinzipien, XIX, 44, 45).

Die deutschen Mystiker werden am ehesten klar durch die Vergleichung ihrer Lehren mit der indischen Philosophie, da wir durch dieselbe erfahren, um was es sich eigentlich handelt.

3) Hartmann macht hier in einer Fußnote auf die Unvollkommenheiten der Übersetzungen von Sanskritworten aufmerksam, da unseren modernen Sprachen vielfach die Begriffe für die geistigen Dinge fehlen, um die es sich hier handelt. Als Hartmann dies vor mehr als 60 Jahren schrieb, gab es noch so gut wie keine klaren deutschen Bezeichnungen, sie sind erst später geklärt worden. Heute wird Manas deutsch als das „menschliche Denkprinzip" bezeichnet; als „irdischer Verstand" kann er nur

nenzulernen ist von höchster Wichtigkeit für den geistig entwickelten Menschen, welcher die Macht erlangen will, seine eigene Natur zu beherrschen. Für den Alltagsmenschen hat diese Lehre keinen Wert.[4)]

Diese Sitze von Kräften sind in der Stirne zwischen den Augen, im Halse, im Nabel und im Herzen gelegen, und aus ihnen entspringt die Unsicherheit und die Sicherheit des Wissens, das Hin- und Herwogen der Gedanken und der Egoismus.

Der Sitz von Manas ist im gewöhnlichen Menschen mitten zwischen den beiden Augenbrauen, und wer sein Gemüt beherrschen will, muss darauf achten und die von diesem Sitze ausgehenden Kräfte in seine Gewalt bekommen.[5)]

Buddhi hat seinen Sitz im Schlunde, und der Yogi, welcher dasselbe zum Sitze seines Bewusstseins macht, lernt diesen Sitz zu beherrschen, indem er beständig darin wohnt. Es entspringt aus dem Satwa von Agni (Feuer).

Um den Egoismus zu überwinden, beherrscht der Yogi das Herz, den Sitz des Eigenwillens, und um Chitta (die Fantasie) zu beherrschen, welche hierher und dorthin durch die Assoziation der Ideen flutet, steigt er hinab zum Nabel. Alles dies wird besser fasslich werden, wenn wir die verschiedenen Vereinigungen von Nervenzentren (Plexus) kennenlernen.

Wie oben bemerkt, fallen drei Vierteile des Satwa der fünf Elemente dem Antahkarana zu; der andere Teil dient zur Bildung des Ohres, der Haut, des Auges, des Mundes und der Nase des Astralkörpers.[6)]

---

vermischt mit Kama (Begierde) bezeichnet werden; Buddhi wird in Verbindung mit Manas heute als die höhere Vernunft des Gottmenschen bezeichnet, und Buddhi für sich allein als das Licht der Erkenntnis. Ahamkara kann mit „Selbsterkenntnis" nur dann übersetzt werden, wenn darunter die eingebildete Selbsterkenntnis, d. h. der Selbstwahn des persönlichen, selbstsüchtigen Erdenmenschen (einer vergänglichen Erscheinung), nicht aber die Selbsterkenntnis des unsterblichen Gottmenschen verstanden wird.

4) Das Niedere kann sich nicht selbst beherrschen, der Mensch beherrscht sich nur da durch, dass er sich auf die Seite seiner höheren Natur stellt, und durch seine höhere Natur seine niedere Natur beherrschen lässt. Gewaltsame Unterdrückung der Instinkte ohne Erhebung zum Höheren führt nur zur Heuchelei. Die auf diese Weise zurückgedrängten Leidenschaften werden dadurch um so stärker und brechen schließlich hervor.

5)Von diesem und was folgt, kann sich jeder durch den Versuch überzeugen. Weiter braucht es keinen „Beweis".

Die Lebenskräfte des Astralkörpers (Prana) aber sind von drei Vierteilen des Rajas eines jeden dieser fünf Elemente gebildet, während ein Viertel seiner Essenz aus jedem dieser Elemente dazu dient, je eines der fünf Handlungsorgane des Astralkörpers zu bilden. Somit ist ein materieller Astralkörper geschaffen, bestehend aus den fünf Handlungsorganen, den fünf Sinnesorganen, den fünf Lebenskräften (Pranas) und Antahkarana.[7)]

Wenn wir nun die Lebenskraft in unserem Körper auf eine intelligente Weise verwenden wollen, so entsteht zunächst die Frage: Wie verhält sich die Tätigkeit von Prana zum Antahkarana und dem darin enthaltenen Karana-Körper? Die Antwort darauf findet sich in der Varaha Upanischad, wo es heißt: Den Nadis dient der physische Körper als Grundlage, für Prana die Nadis. Prana ist der Sitz von Jiva, Jiva wird erhalten durch Hamsa, Hamsa ist der Sitz von Shakti, dem sich bewegenden Universum.[8)]

Die Lebenskraft im Astralkörper bewegt sich durch die Nadi, welche mit Nerven oder (unsichtbaren) Telegrafendrähten verglichen werden können, durch welche lebendige elektro-magnetische Ströme fließen, welche der Mensch nach Belieben leiten und bald hier, bald dort in seinem Körper einwirken lassen kann; vorausgesetzt, dass in ihm das geistige Bewusstsein bis zu einem gewissen Grade erwacht ist, welches

---

6) Da der Astralkörper das ätherische Ebenbild des physischen Körpers ist, so hat er auch, wie der letztere, seine Organe. Wie aber ein Mensch auf der physischen Ebene nicht tätig sein kann, solange er körperlich ein Kind ist, unfähig, sich selber zu helfen, so wird auch der Astralkörper erst dann fähig, sich frei zu bewegen und selbstständig zu handeln, wenn Leben und Bewusstsein in ihm in Tätigkeit treten, und die inneren Sinne erwachen.

7) Die fünf Handlungsorgane sind:

Jiva (vach), Zunge, Sprache.
Hastan, Hände.
Pandan, Füße.
Payu, Organe der Abscheidung.
Upastha, Organe der Zeugung.

8) Alles dies bedürfte einer weitläufigeren Erklärung, als uns der Raum gestattet. Die Nadi sind im Astralkörper dasjenige, was im physischen Körper die Nerven sind; man könnte sie als „magnetische Strömungen" bezeichnen. Prana ist die Lebenskraft im materiellen Sinne, im Unterschied von Jiva, welches die geistige Lebenskraft bedeutet. Hamsa ist die Bezeichnung für Brahman und ließe sich vielleicht als „Göttliche Weisheit" übersetzen. Shakti ist die im Weltall allgegenwärtige Kraft oder Energie.

ihn befähigt, seine eigene innere Organisation durch das Gefühl zu erkennen. Ohne diese innere Erkenntnis hat der Versuch, Hatha Yoga zu üben, keinen Wert. Ein Mensch, der meint, dass er sich durch Anhalten des Atems u. dgl. zum Adepten machen kann, gleicht einem Narren, welcher meint, dass man durch Öffnen und Schließen eines fotographischen Apparates ein Bild machen könne, ohne zu wissen, dass dazu eine im Apparate enthaltene sensitive Platte gehört.

Da aber die moderne Wissenschaft noch nicht einmal das Dasein des Astralkörpers, dessen sichtbarer Ausdruck der menschliche Körper ist, kennt, so wäre es jedenfalls sehr verfrüht, die Hatha Yoga-Wissenschaft vor ihr Forum zu bringen, und es wird dieselbe so lange „geheim" bleiben müssen, bis man die Vorkenntnisse erworben hat, welche nötig sind, um sie zu begreifen.

Die Hauptstämme dieser Nadi sind vierzehn und sollen sich mit ihren Abzweigungen auf die Zahl 75.000 belaufen. Von diesen vierzehn sind sieben den Sinnesorganen und sieben den Handlungsorganen zugeteilt. In der Mitte des Sonnengeflechtes am Nabel ist eine Stelle, „Kantha" genannt, von welcher diese Nadi ausgehen. Von diesen sind drei von besonderer Wichtigkeit, nämlich Ida, Pingala und Sushumna, und der wichtigste davon ist Sushumna. Diese drei erstrecken sich hoch in den Kopf zur Sahasvara oder Zirbeldrüse[1)], und steigen von dort durch die Medulla oblongada durch die Wirbelsäule zum Sacral-Plexus hinab und kehren zu Muladhara im Zentrum von Kantha zurück.

Es findet somit im Körper ein Umlauf von „Seelenkräften", oder, was wir in Ermangelung eines besser passenden Ausdruckes im Deutschen „geistige" Kräfte nennen könnten, statt, ähnlich der Zirkulation des Blutes im physischen Körper, und wie wir es im letzteren mit der Aorta, Venacava, usw. zu tun haben, so finden wir im Astralkörper die Sushumna, Ida und Pingala, welche allerdings nicht anatomisch mit dem Seziermesser nachgewiesen werden können; weil sie eben nicht zur physischen Ebene gehören, und weil unsere Anatomen nicht die zu ihrer Wahrnehmung nötige Wahrnehmungsfähigkeit besitzen.[2)]

---

1) Die Zirbeldrüse (Conarium), über den Corpora quadrigemina gelegen und mit den Thalami optici verbunden, ist das in unserem jetzigen Zeitalter sehr verschrumpfte Organ des geistigen Sehens. Seine Verschrumpfung wird besonders durch den Genuss von Wein, Bier und Alkohol gefördert, da diese Substanzen lähmend auf die Nerventätigkeit wirken.

Ida und Pingala begleiten die Sushumna bis zur Mitte zwischen den Augenbrauen, teilen sich dann nach rechts und links und vereinigen sich am Hinterkopfe wieder mit der Sushumna. Auf diese Art gelangen die Kräfte, welche die Nadi durchströmen, zu den verschiedenen Nervenzentren oder Plexussen, von denen wir nun die wichtigsten betrachten wollen, und von deren eigentlichen Zwecken die moderne Physiologie so viel, wie nichts weiß:

Nach den Upanischaden sind sechs Hauptplexusse vorhanden; dazu der siebente, in welchem die Gesamttätigkeit derselben gipfelt. Sie sind die Hauptsitze der Lebenstätigkeit im Astralkörper und durch diesen im physischen Körper. In jedem derselben ist eine positive und negative, oder mit anderen Worten eine männliche und weibliche Wirkung zu unterscheiden; ausgenommen im Sacral-Plexus, in welchem die Kraft männlich ist. Darüber aber findet sich eine weibliche Kraft, zwischen diesem und dem nächst höheren Plexus, deren Name Ichcha Shakti ist. Sie verleiht dem Menschen mystische Kräfte; aber erst dann, wenn die männliche Kraft des darunterliegenden Plexus überwunden ist.[3)]

In den Upanischaden wird dieser Plexus mit einer vierblättrigen Lotusblühte verglichen. Das Wort „Lotus" ist im Sanskrit Kamala, und Kamala bedeutet im esoterischen Sinne „Akasha"; die vier Blätter bestehen aus Akasha (dem Prinzip des Tones), aber in seiner inneren Formation entspricht dieser Lotus Prithivi, d. h., dem Erdelement.

Die männliche Kraft im Muladhara ist Muladharaganapathy, auch Manaeanapathy (die große Kraft) genannt, und ist von anderen Kräften oder Göttern zu unterscheiden. Diese indischen „Götter" sind nämlich nicht, wie sich mancher unserer fanatischen Theologen einbildet, „Götzenbilder", sondern lebendige Kräfte auf der Astralebene, welche jeder Mensch überwinden muss, ehe er den Sieg über seine eigene Natur

2) Die Sushumna ist im Karana Sharira ungefähr dasselbe, was das Herz im materiellen Körper ist, nämlich der Sitz der Zirkulation. Wie das Blut vom und zum Herzen geht, zirkuliert die „Seele" durch das Karana Sharira.

3) Alles dies ist in der indischen Mythologie allegorisch dargestellt, und auch in der Bibel enthalten. So beziehen sich z. B. die „sieben Kirchen" oder „Gemeinden" in der Apokalypse auf die sieben Sitze der Lebenskraft im menschlichen Organismus. Auch ist in dem Verständnis dieser Verhältnisse die wissenschaftliche Erklärung enthalten, weshalb der nach geistiger Entwicklung und Kraft strebende Okkultist keusch leben und seine geschlechtlichen Instinkte überwinden muss.

erlangen kann.[1)] Wie es sich aber von selbst versteht, gibt es keine Kraft ohne Stoff oder „Substanz“, und es hat deshalb auch jede dieser Kräfte die Substanz, an welche sie gebunden ist, und die sie selbst ist, und die der Astralebene angehört.

Der nächste Plexus ist Swadhistana und gehört der Prostata zu. Er ist sechsblättrig und die Kraft, welche darin ihren Sitz hat, ist Brahma.

Der dritte ist Manipuraka oder das Sonnengeflecht, wovon oben die Rede war. Dies ist die „Region des Feuers“, während Swadhistana die ..Region des Wassers“ ist.

Dieser dritte Plexus ist zehnblättrig und der Sitz von Vishnu.

Der vierte Plexus hat seine Stelle im Herzen und wird Anahata genannt. In ihm ist Rudra die herrschende Kraft. Er ist hexagonal in Form und zwölfblättrig.

Der fünfte ist Vishudhi im Hals, im Schlund gelegen, hat sechzehn Blätter und stellt die Region von Akasha in sphärischer Form dar. Die in ihm herrschende Kraft ist Mahasvara.

Der sechste ist Aguya, der höhlige Plexus mit zwei Petalen, welcher das sechste Element (Tattwa) repräsentiert und die in ihm herrschende Kraft wird Sadashiva genannt.

Das siebente Zentrum ist Sahasara, die „Zirbeldrüse“, welche 1000 Lotusblüten hat.

Jedes dieser Kraftzentren entspricht einem Tattwa, und zwar

1. Muladhara (sacral) repräsentiert Prithivi, „Erde“.
2. Swadhisthana (prostata) Apas, „Wasser“.
3. Manipuraka (solar) Agni, „Feuer“.
4. Anahat (cardial) Vayu, „Luft“.
5. Visudhi (pharyngeal) Akascha, „Schall“.
6. Aguya (Stirna), „Intelligenz“.
7. Sahasara (occiput) „Gott“ oder die Urkraft, das Sein.

Die in diesen Chakras schlummernden Kräfte können dadurch erweckt werden, dass man sein Bewusstsein in dieselben versenkt und „geistig“ in ihnen wohnt; ein bloßes Nachdenken über dieselben nützt

1) Allerdings sind diese Kräfte in Indien vielfach durch Sinnbilder äußerlich dargestellt, ebenso wie wir Worte durch Buchstaben darstellen; der Buchstabe ist aber nicht die Kraft des gesprochenen Wortes, und das Bild ist nicht die von demselben dargestellte Lebenskraft.

dazu nichts, denn das Gemüt, Manas, kann nicht in dieselben eindringen. Dies geschieht durch die schöpferische Kraft, Kundalini genannt, deren Erweckung für diejenigen, welche sie nicht zu beherrschen gelernt haben, sehr gefährlich, ja tödlich ist. Sollte einer unserer Leser Versuche mit Hatha Yoga machen wollen, so raten wir ihm dringend, mit den obersten Chakras zu beginnen und von oben nach unten, nicht aber umgekehrt zu gehen.[1)]

Über dem sechsten Plexus oder Chakra befindet sich eine Reihe von sechs anderen nahe beieinander liegenden Chakras, welche in der Ausübung von Raja Yoga in Betracht kommen; und die Mitrayani Upanischad lehrt uns, dieselben nur als die verschiedenen Anschauungsformen von Parabrahm zu betrachten.

Die Lebenskräfte (Pranas), welche sich durch die Nadi bewegen, sind nach der „Taititriya Arangaka" ebenfalls siebenfach. Es heißt: .Aus ihm entspringen die sieben Pranas, die sieben Archis (geistiges Licht oder Feuer), die sieben Samith (Brandoofer), die sieben "feurigen) „Flammen", die sieben Welten und die sieben „Sieben"." Da uns hierbei im Deutschen nicht nur die Worte, sondern auch die Begriffe fehlen, so wäre es vergebliche Mühe, zu versuchen, die Sache zu erklären; dagegen wird sie leicht jedem klar, der seinen geistigen Führer in sich selbst findet, da dieser ihn zu unterrichten imstande ist.

Prana, das materielle Leben, ist der Sitz von Jiva, dem geistigen Leben. Der Hatha Yogi sucht Prana und dadurch Jiva zu beherrschen; der Raja Yogi beherrscht Jiva und dadurch mit Leichtigkeit Prana. Es ist viel leichter, das Äußere durch das Innere, als das Innere durch das Äußere zu beherrschen; am besten ist es aber, beides zu tun. Wer z. B. im Zustande geistiger Gespanntheit ist, dem „steht der Atem still"; andererseits kann

---

1) Diese Chakras haben ihre Verbindung mit den sieben Naturkräften in unserem Sonnensystem, welche sinnbildlich als „Planeten" dargestellt werden, und zwar wie folgt:

Muladhara entspricht Saturn, dem Element der „Erde";

Swadhistana, Tupiter, der Seele;

Manipuraka, Mars, dem Feuer oder der Kraft;

Anahata, Venus, der Anziehung oder „Liebe";

Visudhi, Merkur, dem Denken;

Aguya, Luna, dem Gemüt, welches veränderlich ist wie der Mond;

Sahasara, Sol, der Sonne der Weisheit.

durch Stillehalten des Atems „geistige Anschauung gefördert werden, aber ohne die Mitwirkung des Geistes ist das bloße Anhalten des Atems ebenso töricht, als wenn einer glauben würde, sich dadurch zum Gelehrten machen zu können, dass er ein Buch in der Hand hält. Yoga (Selbstbeherrschung) und Gyana (Selbsterkenntnis) sollten Hand in Hand gehen, und es ist gefährlich, sich mit der Lebenskraft zu schaffen zu machen, ehe man weiß, was man dabei tut. Die Materie ist nicht dazu da, den Geist zu bewältigen, sondern der Geist soll über die Materie herrschen und sie sich nutzbar machen. Jiva geht in den höheren Manas über, wenn derselbe sich von seinem niederen Selbst befreit.

Über Prana steht Hamsa[1)], das Gefäß von Jiva im geistigen Vorwärtsstreben zum Göttlichen, symbolisiert durch das heilige Wort OM. Dann kommen die Sakti, sechs an der Zahl, nämlich Jecha-, Kriya-, Kundalini-, Gnana-, Tara- und Mantrika Shakti, aus deren Beherrschung die verschiedenen magischen Kräfte (welche der Europäer nicht kennt) entspringen, sobald zuerst Ichcha Shakti überwunden ist. Die wichtigste dieser Kräfte ist Kundalini Shakti, eine Kraft, welche sowohl zu „erschaffen" als auch zu töten fähig ist. Auch befinden sich im Körper dreierlei „geheime Feuer", nämlich Koshtagni, Gyanagni und Darisanagni, von denen jedes wieder erst drei und dann fünfzehn Unterabteilungen oder Verzweigungen hat, welche auch in der sichtbaren Welt ihre korrespondierenden Offenbarungen haben. Ihr Sitz ist der sacral Plexus, und sie können als „irdisches" (sinnliches), „elektrisches" und „himmlisches" Feuer bezeichnet werden. Durch die Kraft des himmlischen Feuers werden die irdischen Leidenschaften (Kama oder Ichcha Shakti) „verbrannt".

Wer durch Gnana und Pranayama die Ida, Pingala und Suschumna Nadi gereinigt hat, der sieht, wie die Leidenschaften, welche Astralwesenheiten sind, durch die Nadi zum Manas aufsteigen und dessen Gleichgewicht stören, und wenn er sie durch die Kraft seines geistigen Wesens besiegt, so gewinnt er die Macht über seine Natur. Hierdurch erlangt der Adept die Kraft, seinen Körper nach Belieben zu verlassen und wieder in denselben zurückzukehren. Wenn er seinen Atem, sein Leben und seine Begierden völlig beherrscht, so kann er sich selbst nach Belieben einen Astralkörper schaffen oder denselben reproduzieren; er lebt in seinem

---

1) In den Büchern der Rosenkreuzer und Mystiker ist Hamsa durch den Pelikan, der mit seinem eigenen Blute seine Jünger füttert, sinnbildhch dargestellt.

Karana Sharira und zieht die Kräfte, „Gnana“-, „Para“- und „Kriya-Shakti“ genannt, an sich, um schließlich in den Ozean von Bewusstsein, Licht und Willen zu gelangen, welcher nichts als das reine Satwa, das Wahre, die Wirklichkeit selber ist. Der Zweck der Übung von Hatha Yoga ist die Erlangung mystischer Kräfte, der Zweck von Raja Yoga die Erlangung der selbstbewussten Unsterblichkeit.